CHOOSE GROWTH

A Workbook for Transcending Trauma, Fear, and Self-Doubt

成長心態

面對逆境的突破挑戰與自我實現

史考特‧巴瑞‧考夫曼、喬迪恩‧費恩戈爾德——著　蔡耀騰——譯

Scott Barry Kaufman　　　Jordyn Feingold

僅將本書獻給我們的父母，
感謝他們不厭其煩的鼓勵我們擁抱成長心態。

目次

前言

我們可以選擇退縮以確保安全或勇往直前尋求成長
的契機。成長必須經歷一次又一次的選擇；恐懼必
須透過一次又一次的克服。

——亞伯拉罕·馬斯洛（Abraham Maslow）

存在是一份真正的禮物。僅僅是存在的行為就充滿了自
我實現和有意義的貢獻之可能性。生活中，你可以發揮重要
的作用，並實現只有你才會擁有的最獨特潛能。除了你，這
個世界上沒有任何人可以實現這些潛能。

人類的存在充滿了挑戰。正如存在主義心理治療師歐
文·亞隆（Irvin Yalom）所說的[1]，這是一種「存在的天賜」
（given of existence）。我們確實生活在一個變化劇烈的時
代。無論是一場全球性的疫情、不穩定的經濟、氣候變化的
威脅、貧困、不平等、崩潰的政府或戰爭等，都有許多理由
讓我們對未來感到不安全、不確定和憂慮。

身為人類並不容易，然而我們依然屹立不搖。這些日子

以來，人類已經表現出非凡的能力，不僅可以生存和適應，還能夠茁壯成長。如果這些充滿不確定性的時代，會讓實現自我和超越自我的最大來源從而產生變化，那該怎麼辦呢？就讓我們勇敢面對：我們已經準備好了，我們渴望它的發生。準備轉換工作跑道的人遠比任何時期都要來的多，針對美國工人的一項調查，有95%的人表示，由於職業倦怠和缺乏升遷機會，他們正在考慮離職[2]。截至二〇二一年九月止，有四百四十萬的美國人打定主意付諸行動，這種趨勢被稱為「大辭職潮」[3]。也許是嘗試新事物的時候到了。就讓一切重新洗牌，再次成長。

　　本書旨在幫助所有人超越自我，以整合自己的所有面向，即使在最具挑戰性的情況下，也能去實現社會的美好。希望我們能幫助你了解每個人的成長潛力，共同創造我們的「新常態」，並擁抱它們，以全新的活力、能量和對未來的希望來迎接所有新挑戰。

　　本書內容完全屬於你：這是一個無須批判的地方，可以探索你的需求和解決內心的衝突，並開始探索如何從外部的衝突中癒合。我們的目的是在幫助你建立洞察力和自我理解，讓你了解什麼才是最重要的事，以及如何培養這些能力，最後能過上更豐富、更有意義和自我實現的生活。本書以實證為基礎，大量借鑑心理學的多方領域，包括人本主義心理學、正向心理學、發展心理學、人格心理學、認知科學

和神經心理學。

　　在自我實現的旅程中，我們雖處於不同的階段，但卻共同經歷了一場全球性的疫情和長期的不確定性。這場疫情動搖了我們生活的基礎。

創傷後的成長

困境是為我們這些平凡的人走上不平凡的路而準備的。

——C.S.路易士（C.S. Lweis）

　　人類在逆境中反彈的的復原能力經常被低估。復原力研究員喬治‧博南諾（George Bonanno）發現，遭遇創傷後的倖存者通常會顯示出三種軌跡：慢性症狀、逐漸恢復或復原的韌性。而他進行的所有分析中，彈性軌跡，也就是反彈，是最常見的模式[4]。博南諾強調他所謂「能屈能伸心態」的三個核心要素：樂觀或對美好未來的普遍信念、對我們應對能力的信心，以及「挑戰導向」或將障礙視為挑戰而非威脅[5]。博南諾發現，這些核心成分對於一個人的回復能力至關重要，而且不諱言的，在改變生活的事件之後會向前躍進。

　　不僅後疫情時代成長的潛力是可能的，事實上人們現在也正在成長中。根據蓋洛普的一項大型民意調查，顯示在疫

情剛開始時，認為自己的生活品質好到被視為「優渥富足」的美國人與經濟大衰退期間的比例一樣低[6]。然而，到了二〇二一年六月時，認為自己的生活品質非常優渥的美國人，其比例來到了十三年的最高點。

　　我們也在尋找新的感恩方式。心理學家菲利普・華金斯（Philip Watkins）和他的同事在二〇二〇年三月至二〇二〇年五月期間，對五百一十一名成年人進行了調查，以了解他們現階段的情況[7]。即使在疫情最嚴峻時，仍有超過56%的人表示在整體上對生活充滿感恩，這比任何其他正面情緒的反應高出17%。此外，有69%的受訪者表示未來會更加的感恩。疫情期間，感恩是幸福的有力預測指標，並且能明顯的預測出幫助他人的可能性。

　　痛苦和創傷能夠被轉化成勇氣和力量的想法，在人類有著悠久的歷史，從藝術和文學到哲學及精神信仰的各方面就是最佳的例證。的確，「英雄的旅程」是文學中很常見的敘事：英雄探索世界，戰勝內心的惡魔與外在的磨難，然後脫胎換骨，以某種勝利的方式凱旋歸來[8]。

　　一九九〇年代中期，心理學家勞倫斯・卡爾霍恩（Lawrence Calhoun）和理查・泰德斯基（Richard Tedeschi）創造了「創傷後的成長」（PTG）一詞，當時對於人根本上轉變的正式科學研究開始蓬勃發展。根據研究人員的說法，創傷後的成長與「由於在創傷性或極具挑戰性的生活環境中

奮鬥，而產生了積極的心理變化」有關[9]。創傷後成長的研究方法，以存在主義哲學和存在主義的人文主義心理學為基礎，這些研究人類存在的方法，強調透過我們賦予事件意義的視角來看待苦難的重要性[10]。

重要的是，導致成長的不是創傷事件本身，而是事件發生期間和之後的認知處理，以及所產生的意義，才是可能促進我們生活中重大轉變的原因。創傷後的成長不諱言的經常是與極具挑戰性的經歷所產生的不適和痛苦有關，並關心我們如何成長，因過去無法改變。正如存在主義心理治療師歐文・亞隆所說：「你遲早會（必須）放棄對美好過去的想望[11]。」

至關重要的是，重大的事件不一定會對生命造成威脅，因為改變生命與危及生命截然不同，然而有些卻會導致創傷後壓力症候群（PTSD）。創傷後的成長可能源於忍受任何具有挑戰性的環境，而這些環境會導致我們的世界觀和我們認為世界如何運作的假設發生巨大變化。這裡特別要注意的是，對一個人會造成創傷的事件，對另一個人卻無影響；事實上，我們相信會導致「創傷」的事件因人而異。

在創傷後成長的研究中所發現的一些常見的創傷事件，包括自然災害、車禍、喪親、性侵、診斷出絕症和戰鬥創傷。在疫情期間，我們新增了一些項目到清單中：檢疫隔離和與親人分開；過往最支撐生活的事物現今卻變成了恐懼，

如親密的身體接觸，與感染和感染控制措施有關的症狀，或如常生活中有許多事都不能做，公司停班和學校停課，家庭、工作和學校間的屏障完全被破壞，那些無法在家遠距工作者被迫暴露在病毒下，然後還必須要施行遠距育兒服務、遠距學習和維持家庭生計，以及必須接受不斷上升的死亡人數、生命的殞落及對人類生活和整體常態的絕望。這些清單還在繼續增加中。

這些事件不僅改變了我們的生活，也以某種顯著的方式改變了我們的想法，現在就讓我們以不同的方式看待這個世界和自己吧！而經歷創傷後仍繼續成長的人都有以下方面的成長[12]：

- 更加地感激生活
- 更加地感激和加強親密關係
- 更加地認識自己和利用個人優勢
- 同情心和利他主義的增加
- 意識到新的可能性或人生目標
- 加強精神發展
- 加強創意成長

雖然在這些發現中，有許多是基於自我認知的成長，而不是個人在創傷後表現出的客觀行為[13]，但我們相信，即使

只是個人對世界、能力和與他人關係的看法發生轉變，也會產生深遠的影響，並大幅提高個人的生活品質。本書將會指導你做到這點。

　　類似於創傷後成長的變化，有可能發生在那些沒有經歷過明確被認為是創傷性事件的人身上，也可能發生在那些故意選擇痛苦的人身上[14]。例如，在那些為使世界變得更美好而做出巨大犧牲的人，以及在通往成功路上甘願面對苦難的人身上，我們發現了成長。此外，研究也發現在太空旅行和單人環航之後，人們也透過這些經歷而有所增長[15]。選擇忍受這種具有挑戰性環境的人，可以透過多種方式改變自己，他們就好像報告中那些承受過意外創傷事件的人產生了變化。但是為什麼發生在我們身上的那些事情，我們卻沒有選擇去改變呢？

　　對於那些親身經歷過創傷並被創傷改變的人來說，創傷後的成長幫助我們發現並接受過去沒有的信仰體系[16]。更重要的是，創傷後成長的發展，使人們在面對未來的創傷時，更有能力做出更優化的反應。

　　對於那些認為自己在疫情生活中感到憔悴的人，那些感覺被困住、沒有立足之地、不自在、迷失或疲憊不堪的人來說[17]，我們會幫助你處理這些經歷，並努力實現所謂的疫情後成長：利用新冠病毒時代及所經歷的這一切，當作一種催化劑，讓我們過著更受到檢視、充滿超越自我可能性的生

活。我們相信，在這段期間和接下來的日子，我們能發現更大的力量、更好的人際關係及新的契機。

　　成長有很多的來源，絕不是說成長就必須要受盡苦難[18]。事實上，還有一種叫做狂喜後的成長，在這種成長中，我們可以從生活裡所發生的那些深刻、積極和鼓舞人心的事件明顯成長[19]。無論你的經歷有多麼的艱辛，抑或你正身處於旅途中的哪個階段，本書都能激發你的成長。

我們是誰？

　　史考特・貝瑞・考夫曼（Scott Barry Kaufman）是一位探索人類潛能的認知科學家和人文心理學家。他是哥倫比亞大學教授，也是人類潛能中心的創始人和主任。做為一個有學習困難的孩子，他對於人類的智慧、創造力和人類的潛能充滿高度的興趣。考夫曼童年的大部分時間，他對自我的描述基本就是一個「智障」，無法過正常的生活。九年級時，在一位特殊教育老師的鼓勵下，他退出了特殊教育，報讀了更具挑戰性的課程。自此他的世界完全改觀。他意識到自己喜歡學習、創作，也喜歡幫助別人。透過他的播客（Podcast）、文章、自我實現輔導、講座和課程，運用最新的心理科學來幫助各種不同想法的人充分發揮潛能，使他們成為有創造力和自我實現的人。

二〇一五年的春天，當史考特在賓州大學教授正向心理學課程的第一學期，就讀大四的喬丁・芬格爾德（Jordyn H. Feingold）就坐在他的座位旁。史考特卻深感她目前所做的只是在原地踏步，因為她積極地將哲學、歷史、正向心理學的科學及人類繁榮的科學融入自己的願景中，以為憑藉著這些知識，有朝一日她就能夠行醫，並實現全人類的福祉。

那學期在史考特的指導下，喬丁決定暫緩她的醫學院申請，轉而申請應用正向心理學碩士（MAPP）課程。因為在去醫學院學習疾病和身體系統功能障礙的各種學問前，她覺得有必要先去獲得這種美好生活的基礎知識。

當喬丁搬到紐約市就讀醫學院時，史考特和喬丁仍保持著密切的聯繫，隨後，史考特就在哥倫比亞大學教授「健康生活的科學」（The Science of Living Well）課程。他們在史考特的「超越：自我實現的新科學」（Transcend: The New Science of Self-Actualization）課程中，一起進行了以證據為基礎的練習，該系列在二〇二〇年四月的新冠疫情封鎖發布不到一個月時就開始了。他們還共同開辦為期八週的網路超越課程，其目的在幫助人們於疫情後能夠在世界各地蓬勃發展。

喬丁日前已從醫學院畢業，求學時她學習到腸—腦軸線的專業知識和正向心理學在胃腸疾病治療中的應用，以及領導了跨學科的研究，研究疫情對紐約市第一線醫護人員的心

理影響——這裡成了全國第一個疫情中心。她與人共同創立了一個針對實習醫生、以正向心理學為基礎的夥伴支持計畫，並在當地和全國各地開展工作，以解決職業倦怠問題，並倡導醫護人員的福祉。

二〇二一年七月，喬丁繼續接受精神科住院醫師培訓，為患有複雜的精神、內科和神經疾病的患者提供服務，並將正向心理學和基於優勢的方法融入到患者護理中。在這些工作中，她意識到幸福、疾病、創傷、創傷後壓力症候群及其鮮為人知的表親創傷後成長間複雜的相互關係，並致力於推動醫療保健模式，向她稱之為「積極醫學」（positive medicine）的領域轉變。

關於本書

本書談論的是有關於人類感受，而痛苦則是這些感受中不可忽視的一部分。我們鼓勵你挺身而進，並讓自己轉變，做為通往康復、自我實現和終極超越的途徑。

我們撰寫本書的目的，是為你提供一些關鍵問題和實踐方法，這些問題和實踐方法是我們來自世界各地不同年齡層的學生們發現的，是推動自我發現和成長上有意義的驅動力，也是我們自己在將超越科學融入自己的生活時不斷使用的。其中許多作法都有實證依據，並已在世界各地的不同人

群中進行了廣泛測試；在我們無法找到有實證依據的具體作法時，我們根據研究結果創造了自己的作法，並衷心希望它們能對你有所幫助。

這一歷史時刻的獨特之處在於，全球人類在近代以來首次遭遇共同的災難；沒有人能夠完全倖免保持不變。因此，本書以人為本，無論你身在何處，無論你受到怎樣的影響，我們都將與你相遇。讓我們擁抱所有人的人性，抓住這次個人與群體成長的機會。現今雖然在部落主義和任意劃分對方的方式下，但是我們對安全、人際關係、自尊和愛都有著相同的基本需求，都想要尋找人生的真諦，並過上有生命力的生活。

本書沒有探討的主題

本書並沒有「快速的解方」，來解決你生活中的不滿、枯燥或痛苦。內容討論的是如何讓我們能夠更深入、更長遠、以非線性的過程，來更加了解自我的身體和心靈，以及與這個世界的關係。透過對內及對外的刻意反省和思考，我們能夠更熟練地駕馭不確定性、矛盾的心理和生活中最大的挑戰。本書探討的是如何將自我和集體成長建立起穩固堅定關係的一本書。

本書不是一本寫滿了如何「做最好的自己」的祕訣手

冊。我們的目標不是為你提供一本如何改善生活的指導手冊或指南——這樣的手冊根本不可能存在。事實上，我們希望打破這樣一種觀念，即存在一個你應該為之奮鬥的單一的、理想的自我。我們將幫助你擺脫生活中「**暴虐的應該**」（**tyrannical should**），找到最適合你的生活，符合你自己的風格，讓你感到充滿活力和創造力[20]。我們提出了一些發人深省的問題、反思的機會、研究和實驗，幫助你自己發現成長對你可能意味著什麼。雖然我們在工作手冊中留出了記錄筆記和反思的空間，但你可能還需要一本筆記本或小冊子來記錄你的回答，並繼續你的反思。

　　本書並不能取代心理治療和精神健康治療。它旨在培養洞察力，更有意識地體驗生活和自己，從而擺脫盲目的「自動導航」行為。在成長的過程中，可能會暴露出一些問題，或許是未癒合的創傷史、讓人心煩的千頭萬緒或適應不良的思維和行為模式，而這些都是你在非常艱困的環境下生存或度過生活能力的一部分。你們中的一些人可能在類似於戰場的環境中長大，這種環境中的真實暴力塑造了你們今天的生活經歷和壓力反應。顯然的，與有執照的心理諮詢師進一步探索這些模式是有益的。我們強烈建議你以本書為起點，與心理健康專業人士進行進一步深入探索。重要的是，無論出現什麼情況，我們希望你能包容自己，不做任何評判，只需

學會注意到出現的情況。這並不意謂著你一定喜歡出現的東西，只學會注意到出現的情況。正如人本主義心理治療師卡爾‧羅傑斯（Carl Rogers）所說：「奇怪的悖論在於，當我接受自己的本來面目時，我就能改變自己[21]。」

我們全心全意地體認到，挑戰、壓力和創傷在整個社會中的分布並不平均，無數系統性的不平等和各種形式的歧視，使創傷後的成長更加困難。學習如何在這些情況下更好地管理自己，並不能免除我們在人際、系統和社會層面消除這些不平等的責任。我們希望每個人都能接受這些練習，並幫助那些每天都在積極努力消除不公不義的人，更好地完成這項任務。

人生不是一個線性的過程，更像是一艘帆船在浩瀚未知大海中航行[22]。我們需要堅固的船體來獲得安全感，但如果我們要成長，就必須張開風帆，面對生活中不可避免的風浪。在本書中，我們將引導你沿著這個過程，從穩固船基開始，最終揚起風帆，在浩瀚的大海中航行。

雖然我們無疑都在不同的船上，但我們是在一起航行。我們的目標不是阻擋生活中的波浪，而是學習如何以探索、愛、目標和超越智慧的精神駕馭這些波浪。本書中，我們還將思考去追求原住民智慧中所稱「社區實現」的真正意涵[23]。在我們自己的成長之旅中，如何才能將完整的自我帶到這個

世界，從而為每個人帶來更多進步，並為「文化永續」做出
貢獻[24]？

　　雖然你可以按順序閱讀本書，但是也可以不這樣做。我
們建議大家從第一章開始閱讀，然後你可以翻閱練習，並在
特定時刻學習任何你想看的內容。這段旅程是屬於你自己
的。我們確實要求你對自己的心理安全負責，不要強迫自己
完成練習或參與你還沒準備好的話題。

「成長心態」（Choose Growth）是什麼意思？

　　我們的一生中，有無數的決定是由他人替我們做出的，
坦白說，想想我們之中真正能擁有最終控制權竟是那麼少，
可能會讓人不知所措。我們無法選擇出生在什麼樣家庭或社
區，無法選擇我們出生時的條件，我們也無法選擇像遺傳基
因這樣的基本因素，以及由此產生的對某些性格特徵、健康
和疾病的傾向性。那麼，我們可以選擇什麼呢？

　　很大程度上，我們可以選擇如何看待世界和我們自己。
我們可以利用自己的反思能力和對價值觀的承諾，做出符合
初衷、意義和世界利益的選擇。我們對這些選擇的控制力往
往比我們想像的大得多。然而，僅僅知道我們可能需要做出
改變，並不足以讓這種改變發生。僅僅知道是不夠的。選擇
成長是一個以行動為導向的過程，它將自我反思和個人探索

──我們現在在哪裡？我們想去哪裡？──轉化為旨在縮小差距的行為和行動。我們必須接受不可避免的失誤，接受糾正方向的需要，並認識到這是一段沒有明確目的地的旅程。我們的成長永遠不會結束。正如人本主義精神分析學家凱倫・霍尼（Karen Horney）所說：「並不是只有年幼的孩子才是柔弱的。只要活著，我們每個人都有能力改變，甚至從根本上改變[25]。」

今天選擇成長，是一種尊重我們的過去、更用心地活在當下、並孕育希望未來的一種方式。選擇成長之路，就是整合我們自身的各個部分和提升人類經驗的完整性。在這個過程中，我們需要學習、接受並整合自身的各個部分，包括那些我們可能希望壓抑或隱藏的黑暗面。正是當我們協調好自己的這些部分時，才有可能

我們的成長永遠不會結束。

培養出更大的同情心，與他人建立更深的聯繫，從人生的經驗教訓中汲取更多的意義和快樂，最終以真實、令人欣慰和與周圍人協同增效的方式，為世界做出貢獻。

我們都在自己獨特的人生旅程中，有著不同的、未滿足的需求，這些需求在我們的一生中不斷變化，但有一點是肯定的：我們無法獨自完成。我們必須揚起風帆，與世界接軌，才能成長。我們必須要有成長心態！

第一章

讓自己靜下心來

在啟航之前，讓我們先體驗一下上船拋錨的感覺。本章中，我們將為你做好準備，讓你在時而波濤洶湧、時而變幻莫測的生活和成長過程中一帆風順。我們將讓你熟悉這艘在整個成長過程中陪伴你的船隻的各項特點，並向你介紹那些可能與你同舟共濟的人，讓你為這種全身心的體驗做好準備；並幫助你穩固你的船基。現在就讓我們開始吧！

你需要什麼？

地球上的每個人都有基本需求，這些需求使我們彼此間的相似性遠遠大於差異性。你可能聽說過著名的「馬斯洛需求層次理論」，也就是亞伯拉罕·馬斯洛提出的金字塔結構，它認為人類受到越來越「更高」層次需求的激勵。正如

心理學課程和流行心理學所解釋及教導的那樣，更基本的需求不外乎是身體健康、安全、歸屬感和尊重，我們必須在一定的程度上得到滿足，然後才能完全實現自我，成為我們所能成為的一切[1]。

但事實是，正如史考特在《顛峰心態：需求層次理論的全新演繹，掌握自我實現的致勝關鍵》（*Transcend: The New Science of Self-Actualization*）一書中詳細闡述的那樣，馬斯洛實際上從未創造過一個金字塔來代表他的需求層次[2]。金字塔的形狀意謂著我們必須攀登某座隱喻的山峰，直到我們完成每一步，開啟下一個層次的可能性，並且永不回頭。然而這是對人類狀況的不幸扭曲。馬斯洛強調，我們處於不斷成熟的狀態，成長往往是前進兩步、後退一步的現象。人的成長並不是我們的終點，而是一種體驗。

為了引導我們的成長歷程，史考特提出了一個靈活實用的新比喻——帆船，以幫助我們理解人類的基本需求究竟是如何運作的。

如果我們的船破了洞，哪裡也去不了。當我們生活在不安全的環境中，經歷著極度的孤獨，或對自己和自己的能力知之甚少時，我們的精力往往只能努力保持漂浮、堵住破洞，不讓水流進來，以避免災難。在更有利的條件下，安全、人際關係和自尊這些安全需求會共同作用，為我們的生活帶來穩定，使我們能夠抵禦嚴酷的生活。

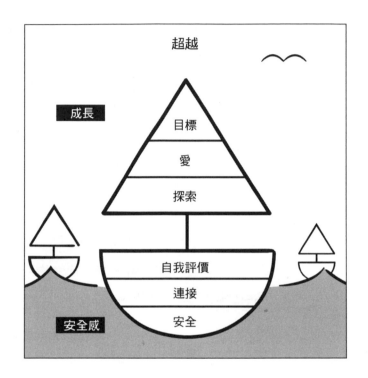

　　但是我們不會止步於此。與人類狀況同樣重要的是成長，成為我們所能成為的一切，也就是馬斯洛所說的「完全的人」。為了成長，我們不能只擁有一個僅關心防禦和保護的穩定基礎，我們必須張開風帆，以脆弱的姿態面對生活中的風浪。我們的風帆能讓我們充滿好奇，敞開心扉去了解世界的新真相，拓展自我，發現生活中新的可能。探索、愛和目標這些成長需求，說明我們陶醉於世界的美與善，並在其中找到自己的位置。在這個「人類生存的存在境界」中，我

們以自己的方式看待世界，而不僅僅是以世界和人們能夠滿
足我們的不足為標準。

正如我們將在工作手冊的練習中發現的那樣，當我們加
固帆船時，我們所達到的高度或我們的帆有多大並不重要，
重要的是我們在船內與我們自己、船員和周圍廣闊的水域間
的融合與和諧。超越是建立在安全和成長的堅實基礎之上，
它使我們能夠獲得智慧和與人類休戚與共的感覺。但問題就
在這裡：我們無法直接尋求超越。相反地，超越的體驗是在
自我努力和與周圍世界深入接觸的過程中出現的。

讓我們開始反思自己這艘所謂的船是如何禁受住生活中
的風浪，以及我們能在哪些方面還有重新設計的空間。

練習

1. 結合自己的生活，花些時間靜靜地思考上面的段落和那幅
   「超越」的帆船圖片。思考以下有關自身需求的問題。

安全感
- 我現在的生活在哪些方面感到安全和保障？
- 我的安全感在哪些方面受到挑戰？
- 我的人際關係的整體品質如何？
- 我自己的內心對話或內心聲音是什麼？

- 生活中，有什麼地方讓我覺得自己只是勉強過得去？
- 這些日子以來，我對自己的整體感覺如何？

成長
- 對於未來的整體感覺如何？
- 我現在對什麼事情感到興奮？
- 我對自己的哪些部分和生活的哪些部分最感興趣？
- 是什麼給我的生活帶來了意義？
- 我想全身心投入哪類事物？
- 我在哪些方面感覺到完整？
- 是什麼讓我感到自己充滿生機和活力？

2. 請在下面的空白處填寫自身帆船現在的樣子。船底有破洞嗎？帆的狀況如何？您現在最需要關注船上的哪些區域來幫助您滿足需求？

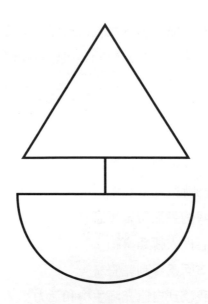

3. 根據你的帆船狀態，你已經發現了你的哪些需求，以及這些需求目前是如何得到滿足或受到挑戰的？在接下來的旅程中，至少會有一件你想做的事，而那是什麼？

誰會與你同舟共濟？

　　既然我們已經評估過船隻的狀況，那麼讓我們考慮一下誰會加入我們的旅程。雖然這是一次深刻的個人探險，但它並不是一次單槍匹馬的遠征。我們對成長的追求是一個深層次的人際交往過程，而研究表明，如果有朋友、戀人或同事等親近之人肯定我們的成長理想，會增強我們實現目標的能

力，並且有助於提高生活滿意度和心理健康水準[3]。

我們希望你能選擇與其他人（朋友、家人、伴侶、同事，甚至是治療師或教練）分享你對自己，以及如何在世界上運作的一些見解和啟示。也許你將某個特定的話題帶到家庭聚餐、工作團隊或特別的親人朋友時會被感動；也許你會加入讀書會或閱讀小組，以獲得責任感和支持。此外，當進入更深的水域時，我們有時可能會感到力不從心。讓我們為不可避免的不適做好準備，想一想可以找誰為我們提供救生衣，這樣就可以更安全地進入未知的水域。

練習

1. 確認你的隊員

1. 在你生活中，誰是你的「船員」？或者說你希望與你同在船上的人，來幫助支持你的成長，並在未來的旅程中對你負責？這些人可以包括任何與你分享生活的人，無論是活著的還是死去的、無論是人類還是動物，你可以通過寫作、日記或禱告，與他們進行文字或精神上的交流。

2. 在SOS危急時刻，你可以向誰求救？或者在遇到困難，而不愉快的感覺、想法或情緒開始讓你感到難以承受時，你會向誰尋求幫助或敞開心扉？

3. 當你體驗到啟示、美好或令人驚嘆的時刻時，你最想與
　誰分享？在你的生活中，有沒有人喜歡與你分享正面的
　消息，並幫助你善用發生在你身上的好事？

2. 自我報到

　　在此稍作停頓，思考一下這項任務對你來說是多麼的具
有挑戰性，還是多麼簡單。你在哪裡找到自己？

我想不出有誰可以帶我踏上這段旅程。在這個世界上只有我獨自一人。	我的生活中有很多人，但是我覺得沒有足夠親近的朋友能夠與我一起分享這個過程。	我的生活中充滿了強大的人際關係，我不知道船上是否有足夠的空間容納那麼多的隊員！

　　有些讀者可能會發現，他們與他人間有著多麼豐厚的聯
繫。這些人應該認為自己非常幸運，因為人際關係是我們生
命中最棒的禮物之一，正如將在下一章中探討的那樣，它也
是幸福、健康和生活滿意度的最大預測指標之一。

　　我們中的某些人可能會意識到，雖然生活中有很多人，
卻無法真正確定哪些人是我們真正想要、或是能讓我們感到
自在，並能分享內心掙扎或認同我們的人。即使有他人陪
伴，我們也會感到孤獨。這種意識很重要，它可能預示著低
品質人際關係的存在，也是解決這些問題的機會。如果是這

種情況，可以考慮在完成第二章的練習後再來練習。不過，也有不少人可能真的在想「我身邊沒有人可以分享這些經歷」，或「我在這個世界上形單影隻，真的沒有人可以幫我」。如果是這種情況，請花點時間思考下面的問題：

- 我是如何來到這個與世隔絕的地方的？這是我自己的選擇，還是我一連串選擇的結果，抑或只是不幸的環境所造成的，比如失去親人，或者是其他原因？
- 這種孤獨的生活對我有什麼影響？如果可以選擇，這會是我的首選嗎？

有鑑於人際關係在我們生活中是如此重要，以及我們這個世界普遍存在的孤獨感，懇請你探索以下面的問題：

- 我是否有意無意地忽略了一些可能重修舊好的人際關係？我是否需要給某人打個電話？
- 我還可以採取哪些行動，讓自己走出去，並以更**深思熟慮**的方式，重新與人交往？

3. 明智地召集你的隊員

在學習工作手冊的過程中，請將你的船員放在心上；考慮與他們聯繫，與他們一起思考、談笑或尋求支持。我們中

的許多人可能會在需要幫助時忍住不尋求支援，因為不想成為他人的負擔。然而，這種衝動往往是錯誤的，因為研究表明，提供支援可能比接受支援能夠帶來更大的心理益處[4]。事實上，幫助他人就是幫助自己；通過伸出援手、尋求幫助，我們可以給予他人也擁有願意付出的天賦。

回想一下，上一次有人向你求助，或就個人問題徵求你的意見或建議是什麼時候？

- 被招募來幫助需要幫助的人是什麼感覺？你的經驗如何？
- 有沒有感到任何困擾？如果有，是什麼困擾了你？

  如果是這樣，也許是在你不方便的時候向你提出了要求，或是有人對你提出了你無法解決的要求。也許你的建議被忽視或曲解了，抑或是有人要求你提供一些你沒有多少個人經驗或興趣的事。無論你喜不喜歡自己幫助他人的經歷，在尋求他人幫助時都要記住這些陷阱。

- 幫助這個人有什麼好處？幫助他人如何能增強自己的能力？

反思自己幫助他人的經歷，想想如何以最能夠激發他人熱情的方式，向他人尋求幫助。

心靈與身體契合

　　成長不僅僅是一個存在於我們頸部以上的心理過程，而是一種完整的體驗，要求我們與自己的身體、與周圍的其他思想和身體保持一致。這種身心融合或整體論的思想，是古代哲學家柏拉圖、亞里士多德和希波克拉底（西元前四六○–三七○年）智慧的核心，希波克拉底因宣揚身體活動可以治療心理困擾而廣為人知，「如果你心情不好，去散散步。如果你還是心情不好，就再去走走。」

　　然而，這種精神在十七世紀時基本已經過時，當時法國哲學家笛卡兒提出了二元論——即身心是截然不同的獨立實體——而這種人為的分離很大程度上仍然主導著今天的現代醫學實踐。因此，我們中有許多人，尤其是西方世界的人，嚴重誤解了如何從我們身體的智慧中學習，並利用身心協同作用來追求更大的健康與福祉。

　　史蒂芬・波格斯博士（Dr. Stephen Porges）提出的迷走神經理論（Polyvagal theory）認為，人類和其他的社會性哺乳動物有三種不同的生理心理狀態，即非戰即逃、凍結和社會參與[5]。它們之間的轉換是由我們身體中兩條長神經（統稱迷走神經）的活動所介導的，這兩條神經連接著我們的腦幹和內臟器官，包括面部和咽喉肌肉、咽、喉、食道、胃、腸、心臟和肺。讓我們來探索一下在每種狀態下的內心世界。

1. **戰鬥或逃跑**。在這種狀態下，我們神經系統中被稱為交感
   神經系統的一部分，會釋放腎上腺素等神經激素，提高我
   們的血壓和心率，調動身體內的燃料儲存以備急需，擴張
   呼吸道以優化氧氣輸送至全身重要器官，並關閉消化和其
   他與生存沒有直接關係的功能（包括我們與他人交往的能
   力）。這些生理變化往往伴隨著憤怒、沮喪、惱怒，甚至
   是暴躁等情緒，因為我們正朝著威脅性刺激的狀態（戰
   鬥）前進，或者擔心、焦慮、恐懼和恐慌，因為我們會逃
   跑（逃離）。雖然這種古老的防禦方式，是為了讓我們在
   面臨嚴重危險時能夠生存下去而進化出來的，但如今，它
   卻更經常地被日常生活中一些無傷大雅的壓力源所觸發：
   壓得喘不過氣來的待辦事項清單、與配偶爭吵，或是在水
   槽裡放了三天的髒盤子。

2. **凍結**。這種狀態的進化，是為了在真正的危機時刻幫助我
   們保存能量和減少新陳代謝需求。在這種模式下，迷走神
   經的一部分，即迷走神經背側，會刺激燃料儲存，降低我
   們的心率、血壓、體溫和肌肉張力（想想暈厥，甚至冬
   眠）。性功能和社交行為減少，我們可能會感到無助、困
   頓和沮喪。凍結狀態可能與自殺念頭和精神解離（感覺
   「靈魂出竅」）有關。由於大腦和身體間存在著這些古老的
   聯繫，當我們花太多時間靜止不動時（想想坐在沙發上**耍
   廢**，沒有足夠的體力活動），大腦可能會認為我們處於

「**凍結**」狀態而停止活動，從而混淆我們的思考能力，並劫持我們的情緒，導致情緒低落。

3. **社會參與**。這是人類近代進化出來的狀態，也是社會性哺乳動物（要對爬行動物和兩棲動物的朋友說聲對不起）所獨有的，其定義是安全感、連結和對環境的認知。迷走神經的一個獨特部分，是腹側迷走神經被啟動後，消化功能增強，免疫系統達到最佳狀態，並且能讓血液循環至包括我們皮膚和四肢在內的非重要器官，還可釋放催產素等化學物質，進而促進與社會聯繫和人際交往。在這種狀態下，我們會感到有參與感、自在，並體驗到積極的親社會情緒。

這一理論的迷人之處在於我們的身體，而不是我們的意識，能夠感知並反射性地分辨出安全、危險或威脅生命的內外部特徵，波格斯將這種現象稱為神經感知。由於我們的大腦不會直接參與反射我們的思維，因此我們對威脅的估算可能會非常不準確（這也解釋了為什麼髒盤子會讓我們產生與祖先看到劍齒虎時相同的感覺）。我們的迷走神經不知道（也不關心）我們是否真的處於危險之中，抑或只是我們的自大使然[7]。

唉，因為我們所處的狀態會極大地改變我們的情緒和對世界的體驗——包括我們感知資訊和與他人往來的方式——

我們如何才能提高對自己身體的認識，並學會調整和支持我們的生理上的轉變，從而開啟思想上所期望的轉變呢？

練習

1. **確認每個狀態對你的意義是什麼。**完成下頁的表格，以了解每種狀態在你的身心中的感受。考慮一下你現在處於哪種狀態，以及在完成練習的過程中，即使只是回想其他狀態，你的身體會有怎樣的感覺。

	戰鬥或逃跑	凍結	社會參與
根據自己的經驗，我與哪些字所描述的狀態有關？	例如，壓力、不知所措、憤怒	例如，封閉自我、麻木、孤獨、絕望	例如，活著的、喜悅的、自在的
這種狀態在我的身體裡是什麼感覺？	例如，心率加速、呼吸困難、感到窒息	例如，不想動、卡住、昏昏沉沉、頸部緊縮	例如，有聯繫感的、開放的、溫暖的
當我處於這種狀態時，我的思緒會跑去哪裡？	例如，專注於消除威脅、難以專注於我的目標、憤怒的想法	例如，沉思、腦袋一片空白、負面想法	例如，能夠跟隨我的興趣，專注和用心

2. 識別你的線索。使用下一頁核對表，盡可能多地填寫你能想到的促使你進入每種狀態的線索。可以把提示看作是戰鬥或逃跑和凍結狀態的觸發因素，例如，最近與老闆或配偶發生爭執、親人去世或生病、卡在交通壅塞的路上等。社會參與狀態的誘因，可能包括按摩、與朋友喝咖啡、閱讀、練習瑜伽、身體活動，甚至性愛！

戰鬥或逃跑	凍結	社會參與
提示	提示	提示
❏＿＿＿＿＿	❏＿＿＿＿＿	❏＿＿＿＿＿
❏＿＿＿＿＿	❏＿＿＿＿＿	❏＿＿＿＿＿
❏＿＿＿＿＿	❏＿＿＿＿＿	❏＿＿＿＿＿
❏＿＿＿＿＿	❏＿＿＿＿＿	❏＿＿＿＿＿
❏＿＿＿＿＿	❏＿＿＿＿＿	❏＿＿＿＿＿
❏＿＿＿＿＿	❏＿＿＿＿＿	❏＿＿＿＿＿
❏＿＿＿＿＿	❏＿＿＿＿＿	❏＿＿＿＿＿
❏＿＿＿＿＿	❏＿＿＿＿＿	❏＿＿＿＿＿
❏＿＿＿＿＿	❏＿＿＿＿＿	❏＿＿＿＿＿

3. 即時關注你所處的狀態。在你與世界接觸的過程中，當然也包括通過整個工作簿中的練習，讓你意識到所處的狀態，以及這種狀態是如何影響你的身體感覺、思想、情感和行為的。練習時，有意嘗試其中一種社會參與線索，以激發你的身體過渡到一種更平靜、更開放的狀態。你也可

以嘗試以下面任何一種作法，直接刺激你的迷走神經，促進你過渡到社交參與狀態：

- **冷卻**。用冷水淋浴（即使只有幾秒鐘也行）或往臉上潑冷水來冷卻身體，都能夠激發迷走神經，並減少來自戰鬥或逃跑系統（fight or flight）的訊號。
- **進行緩慢、深沉、橫膈膜式的呼吸**。呼吸時將氣吐出，會直接刺激迷走神經，因為它會穿過我們的橫膈膜，藉由身體發出平靜的生理訊號。做幾次深呼吸，透過鼻子吸氣、用嘴呼氣，每次至少三秒鐘，然後逐漸增加呼吸時間的長度（尤其是呼氣）。
- **哼唱或唱歌**。當我們發出聲音（甚至是漱口水）時，可以直接刺激迷走神經沿著身體、經過喉嚨向下的路徑。許多人在壓力大時，會反射性地哼唱來自我安慰；你可以試試看。
- **笑**。笑除了能帶來好心情這顯而易見的益處外，身體對笑的體驗還能刺激我們的迷走神經，讓平靜席捲全身。
- **移動**。體育鍛鍊是我們能為身心做的最好的事情之一。當我們運動時，會刺激大腦中的一個因數，這種因數就像為我們的腦細胞提供的增強情緒的肥料。我們還向身體發出信號，告訴自己該提高警覺，從而提高認知和解決問題的能力。我們人類的祖先在進化過程中確實每天

都要步行數英里。更酷的是，當我們為自己已經在做的體力活而（比如家務）點讚時，可以在不改變活動量的情況下，獲得相應的生理益處[8]。為你爬過的每一級樓梯和走過的每一步喝采。

- **冥想**。冥想對迷走神經張力有很大的好處，並且有助於超越我們身體的反射，以防止進入到戰鬥或逃跑的社會參與狀態。

- **讓自己「接地氣」**。如果條件允許，花一些時間打赤腳接觸草地、沙子、泥土或水等自然表面。地球和我們身體間的能量傳遞，與許多生理和心理益處有關，包括提高幸福感、睡眠、能量水平、傷口癒合及減輕疼痛和發炎症狀[9]。

面對你的恐懼

勇氣不是不害怕，而是要戰勝恐懼。

——尼爾森·曼德拉（Nelson Mandela）

恐懼是我們行為的一個強大的驅動力。對我們許多人來說，有一種最重要的恐懼，即對未知的恐懼，以及因缺乏可靠資訊和持續不確定性所引起的恐懼。沒有什麼比未知的事物更能引起恐懼和焦慮，尤其是對於那些早年生活充滿暴

力、虐待或忽視，並因此發展出高度敏感、高度警惕和普遍恐懼反應系統的人來說。

而持續的恐懼（即處於戰鬥或逃跑或凍結的狀態），會讓我們的身心表現出最糟糕的一面。生活在恐懼中會讓我們永遠處於自我防禦的狀態，試圖維護自身的安全和生存，而這往往是以犧牲對連結、愛和成長的開放性為代價。為了擺脫自保模式，我們可能需要重新思考某些強化恐懼的自發行為，因為這些行為不利於我們。

兒童發展心理學家內森・福克斯（Nathan Fox）和傑克・肖恩科夫（Jack Shonkoff）指出，「恐懼不僅僅是隨著時間的推移而會被動的遺忘，它們必須被主動地解除學習[10]。」同樣的，史蒂芬・邁爾（Steven Maier）和馬丁・賽里格曼（Martin Seligman）最近也得出結論，他們著名的「習得性無助」（learned helplessness）理論完全倒退了：被動和缺乏控制是動物的默認反應，是對長期逆境的自動反應[11]。人們必須積極擺脫無助感，學會認識到我們可以控制和駕馭環境中的不可預測性。

即使那些童年充滿逆境的人，也具有非凡的復原能力，並且可以重新控制自己的自發恐懼反應[12]。正如亞伯拉罕・馬斯洛所指出的，克服焦慮的其中一種方法，是讓我們最深的恐懼變得「熟悉、可預測、可管理、可控制……認識它們並理解它們[13]」。

　　這種練習就是要讓我們做到這一點：熟悉一些可能在我們意識表層下運作的心理恐懼，並了解這些恐懼如何在我們的身體和思想中表現出來。事實上，恐懼本身往往比現實更糟糕。即使我們的恐懼確實發生了，其本質也可能與我們所想像的不同。我們可能會表現出一種超凡的能力，以無法解釋的方式做出反應和適應。

　　這項練習並不是要讓我們對日常生活中真正的安全威脅麻木不仁，也不是一定要針對特定的恐懼症＊。相反地，它是為了讓我們更有能力克服一些心理恐懼，這些恐懼可能會阻礙我們，讓我們處於防禦和自我保護的狀態。

練習

1. 回想起過去的恐懼

　　找一個舒適安靜的地方，安心地閉上眼睛反思片刻。閉

＊ 恐懼與恐懼症不同。恐懼是對於生活中事件或物體的正常反應；恐懼症是干擾功能的臨床現象，他們就像對類固醇的恐懼一樣。恐懼症是人們會經歷的一些最常見的精神疾病之一，在精神疾病診斷與統計手冊第五版DSM-5中歸類為焦慮症。常見的恐懼症包括害怕高處（懼高症）、蜘蛛（蜘蛛恐懼症）、電梯或狹小的空間（幽閉恐懼症），以及經常與驚恐發作（廣場恐懼症）相關的害怕開放或擁擠的空間。針對特定恐懼症最成功的治療方法，包括一種稱為暴露和反應預防療法的認知行為療法（CBT - cognitive behavioral therapy），在這種療法中，患者會逐漸暴露於更高「劑量」的誘發恐懼刺激，直到恐懼症消失為止。

上眼睛或低垂著眼，反思過去你經歷過並戰勝了的恐懼。這可能是你童年、早年或近期所經歷的恐懼。這不一定是特別深刻的恐懼，只要是曾經讓你感到不舒服，你可能試圖避免，但最終面對並克服的恐懼。請思考以下問題：

- 我恐懼的是什麼？
- 在面對恐懼之前，恐懼或對這種恐懼的想法在我的身體裡是什麼感覺？
- 我是否避開提醒自己恐懼的事物？如果真是這樣，我是怎麼做的？
- 我最終是如何面對恐懼的？怎麼做到的？有人幫助過我嗎？

　　現在，帶著這種情景坐下來休息片刻。真正靜下心來思考你是如何面對恐懼的。沉浸其中，不要吝於給自己一些讚美，並對幫助過你的人心懷感激。接下來，當你想到目前可能正在經歷的恐懼時，請記住，你曾經面對過恐懼，你可以再次克服它！

2. 與當前的恐懼連結起來

　　準備好後，請回想一下你現在正經歷、可能會給你帶來不必要困擾的恐懼。這可以是一些具體的事情（如進行一次

艱難的談話），也可以是一些不太具體的事情（如對工作或社交活動的普遍焦慮感）。無論你關注的哪種恐懼，都要考慮這是否可能代表一種更深層次的心理恐懼。為了幫助你了解這一點，請回顧心理恐懼量表，看看你的恐懼是否與其中任何一種或多種心理恐懼一致。在探索潛在恐懼的過程中，練習不做任何自我評判。事實上，這個量表捕捉到了人類經歷中普遍存在的恐懼。

心理恐懼評量表 [14]

害怕失敗

❏ 當很多事情都必須依賴我時，害怕在有些困難的情況下失敗。

❏ 如果我做某件事情卻無法確定是否成功，會感到不安。

❏ 如果不能即時了解一個問題，我會開始感到焦慮。

拒絕

❏ 當結識新朋友時，我常常害怕被他們拒絕。

❏ 在接近陌生人時被冷落，讓我感到不安。

❏ 被他人拒絕，對我來說是很重要的一件事。

害怕失去控制

❏ 當我失去對事物的控制時，會變得害怕。

❑當注意到我對某些事情沒有影響力時，隨即開始擔心。

❑在某種情況下失去控制的想法讓我害怕。

害怕失去情感連結

❑如果一個好朋友與我斷絕聯繫，我會非常沮喪。

❑當我與親人失去情感連結時，會變得焦躁不安。

❑如果一個親密的朋友讓我失望，就會對我們的關係感到焦慮。

害怕失去名聲

❑如果我的好名聲受到威脅，我會非常擔心。

❑我非常在乎是否擁有良好的名聲。

（注意：你當然可以帶著不同的恐懼，分成多次來完成這個練習，所以試著每次選擇一個；隨意跳過任何對你沒有幫助的步驟。）

- 我害怕什麼？（具體說明！）
- 為什麼這對我來說如此可怕？這種情況下可能存在哪些心理恐懼？
- 當我想到這種恐懼時，身體的感覺是什麼？
- 直面面對這種恐懼，會是什麼樣子？
- 哪些內部條件（例如，我的個人優勢、態度、準備）或

許可以幫助我面對這種恐懼？

- 哪些外部因素（例如，他人的幫助、特定時間或地點）可以幫助我面對這種恐懼？
- 如果這種恐懼成真，最壞的結果是什麼？
- 你認為最壞的結果發生之可能性有多大？（0到100%）

在此暫停，進行自我檢查。我現在感覺如何？是否有必要做幾次橫膈膜深呼吸來舒緩身體？我是否覺得有必要散散步或做幾個跳繩來釋放一些能量，抑或用音樂或其他分散注意力的方式來理清思緒？此時此刻，我怎樣才能不帶批判地滿足自己的需要？

當你準備好後，返回提示。

- 這種不得不面對恐懼並勇往直前的作法，是否有帶給你任何潛在的好結果？
- 面對這種恐懼，我可以透過哪些方式成長？我能學到些什麼？

自我檢查：如果你在這個階段面對恐懼的感覺時，卻完全無法克服並產生焦慮，那就坐下來吧。考慮先面對「不那麼可怕」的恐懼進行練習。

3. 演練！

　　當你準備好時，開始排練面對恐懼。這並不意謂著你要在這一分鐘內征服或消除困擾你數月或數年的恐懼，而是意謂著開始想像此一過程的展開。想像面對恐懼。重複這個心理預演過程數次，注意每次重複時身體的感覺是如何變化的。

- 當面對恐懼進行演練時，我的身體會發生什麼事？

　　繼續進行心理演練，直到你有信心能夠面對這種恐懼（或者開始用腳趾蘸水去面對這種恐懼）。請記住：總會有我們無法預料的變數出現。這是冒險的一部分。

4. 坦然面對吧！

　　當你試圖面對這種恐懼時，回想一下它是如何發生的：

- 哪些是進展順利的？
- 下次我可以做些什麼不同的事？
- 還有什麼沒有解決的問題（如果有的話）？
- 有沒有任何人可以幫助我？

　　當我們自發地從恐懼中運作，當我們的恐懼阻礙了我們

追求或實現目標時，意識到這些時刻是非常有幫助的。自我意識是走出可能不再有利於我們成長的行為模式的關鍵第一步。

保護你的依附

我們對自己在這世界上的安全感和保障感，以及狹義上我們對自己的善良和價值的評價，大部分都是在嬰兒期與照顧者的關係中開始形成的，遠在我們有意識地意識到周圍環境之前。由英國心理學家約翰‧鮑爾比（John Bowlby）和加拿大發展心理學家瑪麗‧安斯沃思（Mary Ainsworth）所開創的依附理論（Attachment theory）認為，獨特的依附模式或照顧者—嬰兒關係中的行為模式，可能預示著我們在成人關係中的行為模式，並且最後會成為我們看待自己與這個世界的關係。

當然，嬰兒最終會長大成人，而我們的成人依附風格對我們成人關係的穩定和成長起著決定性的作用。心理學家已經確定了兩種主要的成人依附維度：焦慮型和迴避型，這兩種依附都是連續的[15]。

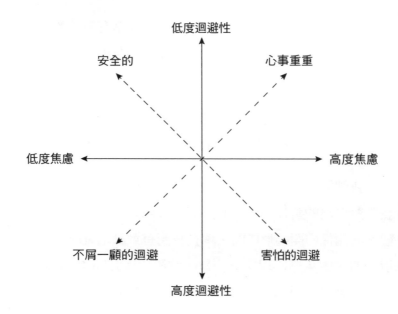

　　焦慮維度（橫軸）反映了對被拒絕或被拋棄的擔憂，並
與我們如何相信他人會在需要時幫助我們有關。迴避維度
（縱軸）反映了我們在壓力下如何調節情緒——我們是向他
人尋求安全感，還是傾向於退縮或遠離他人？根據我們在這
兩個維度上的位置，最終將處於四個象限之一：安全型、全
神貫注型、恐懼—迴避型或排斥—迴避型。

　　請注意，有趣的是，安全型的依附風格只是焦慮型和迴
避型低度依附風格的產物；我們要強調的是，這兩種依附風
格都屬於安全型！安全型依附的人往往在其人際關係中感受
到更多的情感安全，更有可能相信他人在其需要時會在身

邊，當他們感到不安時，更有可能向他人伸出援手，而不是退縮和自我封閉。然而，研究表明，並不存在百分百安全依附的人，我們每個人在人際關係中都會有一點焦慮與逃避，尤其是在壓力大的時候。

研究也表明，我們的童年依附風格和成年依附風格間的關係並不緊密[16]。令人欣慰的是，我們的工作模式可以隨著時間的推移而改變——尤其是在伴侶對我們的主要依附誘因很敏感的情況下——我們之中沒有人注定要生活在童年時期的過度溺愛、麻木不仁的養育方式，甚至是我們可能經歷過的因忽視所形成的不安全模式中[17]。

一切始於意識：我們越是能意識到這些模式的存在，就越能洞察和理解自己的行為和需求。這將極大地幫助我們改變適應不良的行為，向他人表達自己的需求，並理解他人的需求和行為，從而讓我們在人際關係中感到安全，從而蓬勃發展。

一切都始於意識

練習

1. 建立洞察力

花一些時間誠實地反思你生活中的人際關係，包括家庭關係、戀愛關係、朋友關係和職場關係。不要只考慮在一帆

風順時如何與他人相處，還要考慮在緊張或充滿挑戰時，你如何與他人互動，以及對他人的期望是什麼。（還記得疫情剛開始時嗎？想想當被迫徹底改變與他人互動的方式時，你是如何反應的。）

　　思考：你認為自己的主要依附風格是什麼（有安全感型、全神貫注型、恐懼─迴避型或排斥─迴避型）？做為你在依附光譜中可能處於哪個象限的粗略指導，請閱讀以下陳述，思考每個陳述聽起來是「非常像我」、「一點也不像我」，還是介於兩者之間：

A. 我很容易在情感上與他人親近。我很樂意依賴他們，也讓他們依賴我。我不擔心孤獨或別人不接受我。（安全感型）

B. 我想與他人在情感上完全親密，但我發現別人不願意像我想要的那樣親密。沒有親密的關係讓我感到不舒服，但有時我會擔心別人不像我重視他們那樣重視我。（全神貫注型）

C. 我不喜歡與他人親近。我想要情感上親密的關係，但我發現很難完全信任或依賴他人。我擔心若允許自己與他人走得太近，就會受到傷害。（恐懼─迴避型）

D. 我對於沒有親密的感情關係感到自在。獨立和自給自足的感覺對我來說非常重要，我不喜歡依賴他人或讓他人

依賴。（排斥─迴避型）

- 我在人際關係中的哪些行為和想法，可以表明這就是我的主導風格？
- 這些想法和行為如何對我的人際關係有幫助？
- 這些想法和行為如何使我感到痛苦，或導致與他人發生衝突？
- 當我想到這個世界與我最親近的人時，讓我猜猜他們的依附風格是什麼？我從哪點猜到的？

2. 對自己和他人展現誠實和脆弱的一面

請注意在你的人際關係中，是何時出現焦慮和逃避傾向的。你是否與下面敘述有同樣的想法：

- 「我為什麼要費心去接觸別人？反正沒有人和我真的志同道合。」
- 「反正我會永遠孤獨，為什麼還要去冒那個險？」
- 「沒有人會了解我的感受，連解釋都懶得解釋了。」
- 「如果我不跟她聯絡，她也就永遠不會聯繫我……」
- 「當他做事時沒有找我，這表示他根本不需要我。」

當你有這些想法（或類似想法），或發現自己退縮或挑

起衝突時，請注意發生了什麼。不要因為這些想法或感覺而批評自己、責備伴侶誤解你或高估這些想法的價值，而是想想你可以採取哪些措施，來挑戰這些焦慮和逃避的傾向。

　　思考：我要怎麼樣才做得到，而不是因為害怕被拋棄而退縮？我該如何尋求幫助，而不是假設它不適合我？我怎樣才能在人際關係中爭取所需要的？

3. 承諾改變（並且再次承諾，並且再次承諾……）。

　　如果我們的目標是體現一種更安全的依附風格，那麼我們可以從認識到這種轉變不會在一夜之間發生。在你的人際關係中重複練習上述的步驟2，並試想所認識的人中，誰讓你感到最安心。在我們遇到特別具有挑戰性的情況時，他們會如何表現？

對你現在已經準備好能夠立即深入探索脆弱性的合作夥伴，請參閱下一章中的〈共同成長〉練習。

如果你面對自己的依附風格會帶來壓倒性的恐懼或不適，請考慮將上述的方法應用到本章的〈面對恐懼〉或第四章的〈擴大舒適圈〉。

第二章

人際關係

今日的我們是由周圍的人所塑造的，這正是最主要
的原因，其他因素都比不上。如果有什麼東西滲入
了我們的群體，它也會成為我們的一部分。
——高效率專家史提夫‧馬格內斯（Steve Magness）
於二〇二一年九月七日發表於推特（Twitter）

　　人際關係的力量不外乎是歸屬感、被接受，以及與少數
人建立起親密、相互關係的需要，這是無庸置疑的。我們做
為一個物種繁衍生息的最強大進化生存機制之一，就是成為
社區或部落的一部分，在集體中分享資源、責任、工作、育
兒和歡樂。近一世紀的研究證明，建立連結和正面的人際關
係，是幸福感和生活滿意度的最重要因素，同時也是健康和
長壽的關鍵要素[1]。

　　由於我們天生就是群居的動物，坦白說，處在社會邊緣
是一個危險的位置[2]。有鑑於我們過去在大草原上狩獵採集
的情況，知道在遠古的世界中，離群的孤狼根本無法獨自承

受大自然的無情考驗，因此，我們有被喜歡、被接受和歸屬感的需要，以及對親密關係、相互關係和親緣關係的需要，在人類的心靈中占據了核心地位。所以，做為一種善於發現威脅的動物，現代人類發展出極其敏感的「社會保護系統」，讓我們時刻警醒社會上的不良狀況，如排斥或排擠[3]。

　　社會心理學家約翰・卡喬波（John Cacioppo）發現，對社交感到痛苦或在社區中歸屬感低的感覺與身體痛苦無異，會對整個人的功能產生嚴重影響。受到排斥之人的大腦會進入一種「自我保護狀態」（我們的凍結模式），這種狀態會帶來一系列不良影響，包括罹患憂鬱症、採取迴避行為和社會隔離、發展成惡性自戀，甚至在午夜時分，由於我們的大腦對威脅保持高度警戒，會出現「微覺醒」和睡眠障礙[4]。

　　自相矛盾的是，當今世界透過無處不在的社交媒體，社交聯繫比過往任何時候都更容易，但社會排斥、放逐和向上比較也越來越明顯。美國自一九九九年以來，自殺率上升了25%，十五至二十四歲青少年的自殺率而二〇〇七年以來持續上升[5]。到了二〇〇五年，大規模槍擊事件和死亡人數，已超過之前二十三年的總合[6]。

　　如同與我們的所有需求一樣，包括基因、環境和童年時期的經歷，這種種因素，導致每個人在需要多少連結方面存在很大的差異。請思考以下陳述，從而了解你在構成連結的兩種需求中所處的位置：歸屬感和親密關係的需求。

歸屬感的需求[7]	親密關係的需求[8]
❏我試著努力不去做會讓其他人迴避或拒絕我的事。 ❏我需要感覺有人可以在我需要時予以求助。 ❏我希望其他人能夠接受我。 ❏我不喜歡獨處。 ❏當我不包括在其他人的計畫中時，會感到很困擾。 ❏當覺得別人不願意接受我時，我的感情很容易受到傷害。 ❏我有強烈的歸屬感。	❏我與某人有著密切、親密的關係。 ❏我喜歡完全沉浸在一段關係中。 ❏我希望在一段關係中能夠分享所有的好情緒和負面情緒。 ❏我不喜歡與我真正關心的人分開。 ❏我的想法經常會圍繞著我所愛的人。 ❏有時我感到與他人有著深厚的連結和完全的凝聚力。 ❏我從不會對所愛的人隱瞞任何祕密。

　　當我們閱讀這些陳述時，關鍵的衡量標準不在於我們同意或不同意這些陳述的程度，而是我們對歸屬感的需求與這種需求目前在日常生活中得到滿足程度間的距離[9]。

　　當然，COVID-19的出現對我們與他人聯繫，以及滿足我們對聯繫、歸屬感和親密關係需求的能力，產生了獨特且無差別的影響。隨著為遏制病毒傳播而實施的社會隔離準則，這也與我們的直接安全和生存，以及對連結（至少是面對面的連結）根深柢固的需求背道而馳，如擁抱、牽手和共進晚餐。世界衛生組織（WHO）承認了此一難題，並在疫情初期就宣布「身體疏遠」一詞，更適合用來描述旨在減緩

疫情的疏遠準則，強調個人應與他人保持身體上的距離，而非社交上的疏遠[10]。

　　雖然身體疏遠和社會隔離並非同義詞，因為在身體疏遠的情況下，仍然可以進行虛擬、電話和家庭內部的互動，但對許多人來說，漫長的疫情期導致了長時間的孤獨感。研究表示，在疫情開始時，人們所擁有的人際關係品質和數量，是個人如何適應COVID-19生活的重要預測因素。其他因素，如已有的精神健康狀況、是否患有慢性病及年齡等，都會影響人們在疫情期間的孤獨感程度，而且往往會產生不同的、微妙的影響[11]。鑑於過去幾年中人們的社會經歷各不相同，我們懇請你思考以下問題：

- 在疫情生活的各種起落中，我在人際關係中的表現為何？
- 怎樣才能避免出現在某些人際關係中？
- 這些行為對我有什麼幫助？它們是如何產生潛在危害的？
- 什麼時候的我感到最孤獨？
- 什麼時候覺得人與人的關係最緊密？
- 在社交媒體的使用上，如何影響了我與他人的溝通方式？
  - 在各式各樣的媒體平台上，被動的滑手機會讓我感到⋯⋯
  - 積極發布，並與社群互動，會讓我感覺如何？

- 我的性格特質如何幫助我在社交方面茁壯成長？
- 我的性格特質如何使我難以在社交上茁壯成長？
- 我的社交圈最近以什麼方式縮小或變大？
- 在我的生活中，現在是否該給某人打個電話？
- 在我的生活中，是否對某人懷恨在心或深惡痛絕？

在我們的生活中，當我們以培養成長為目標時，可以做出的最高回報的投資之一，就是對我們的人際關係做出堅定的承諾。我們身邊的人，無論是身體上、情感上或精神上，都以極深刻的方式影響著我們的現實生活。大量研究顯示，快樂、健康和幸福不僅是我們個人經歷的功能，更是我們所屬群體的屬性 [12]。本章接下來介紹的科學知識與實踐方法，旨在幫助我們能夠更全面地思考個人的人際關係，更有意識地與他人交往，並且在最大程度上擁抱自己的弱點，從而有意義地為他人奉獻自己。

擁抱優質的人際關係

優質的人際關係（HQCs – High Quality Connections）被定義為短期的、雙向的、積極的互動，其特點是共同參與感和回應性、積極關心，甚至是讓我們感覺更有活力的生理變化（如像是會互相問候的社交活動）[13]。這些連結被認為是

「當兩人間有一些涉及相互意識的接觸時，他們之間存在的一種動態組織[14]」。該組織功能的好壞，取決於連結中每個人的情感體驗，以及連結本身的結構特徵。

　　珍・達頓（Jane Dutton）和艾蜜莉・希菲（Emily Heaphy）研究並描述了工作場域中的優質人際關係，而優質人際關係的特質當然也適用於我們與他人的各種互動。低品質人際關係會消耗和腐蝕人，「就像黑洞般，吸收周遭所有的光卻沒有任何回報[15]」；而優質的人際關係則不同，它能讓連結中的雙方都感覺自己被看見和被關心。

　　想像一下，如若你與鄰居、同事或同學間的互動不是緊張和尷尬，而是充滿活力、自發性，以及行動和創造力的開放可能性，那麼你的一天會有多麼不同[16]。我們每個人都可以通過接受人本主義心理學家卡爾・羅傑斯（Carl Rogers）所說的「無條件的積極關注[17]」，在完全接受的情況下，允許一個人做自己，不試圖限制他們的感受體驗，而是支持他們努力成長。

　　反思：我可以為生命中的哪個人提供更多無條件的積極關注？倘若我重新調整思維，接受一個人的本來面目，而不是我希望他成為什麼樣的人，那麼這段關係會發生怎樣的變化？

　　達頓與同事討論了積極建設優質人際關係的四種主要途徑[18]：

1. 以尊重的方式交往。以傳遞價值和有意義訊息的方式與他人交往。

- **用心**。將全部注意力放在另一個人身上。丟掉手機，電子郵件可以稍後再讀。
- **傾聽**。真正專注的傾聽，不僅僅是為了回應，而是為了要了解對方正面臨什麼挑戰及經歷過什麼。
- **準時**。言出必行。時間是我們擁有的最寶貴資源之一，所以不應該浪費別人的時間。
- **交流**。除非我們能夠明確地分享我們的感受，否則就不能指望別人了解我們的想法或知道我們的感受。

2. 透過任務幫助他人。透過刻意委派和授權任務來幫助促進他人的成功表現。

- **輔導**。提供具有明確期望和反饋的訓練或指導。
- **促進**。幫助促進與他人的聯繫；為他們選擇可以優化其成功的機會。
- **容納**。做人要有彈性，並願意根據他人的需求和情況調整我們的期望。
- **培育**。當我們表現平易近人並展現熱情時，即為他人敞

開大門，讓他們願意卸下心防，而與我們分享所需。

3. **信任**。向另一個人傳達他們能夠滿足對方的期望，並且是值得信賴的訊息。

- 自我揭露。透過與他人分享並坦承自己的缺點，藉此傳達「我信任你」的這些個人訊息。
- 微求對方的意見，並採取相應的措施。當我們詢問別人「這段關係進展如何？哪方面進展得比較順利？我能夠做些什麼，讓我們的合作更順利？」，然後進行相應的改善。藉此我們傳遞的資訊息是「我信任並重視你的意見」。

4. **玩**。以玩得開心或好玩為目的參加活動。

- 讓在一起的時間變得有趣。玩規則明確的遊戲；一起做活動。
- 放鬆警戒。透過分享一個有趣或尷尬的故事，來告訴別人你是個怎樣的人。
- 創造有趣的儀式。為了好玩而做事，即使只是去散步、喝杯咖啡或一起看場電影。

事實證明，能夠實現自我揭露、親密和開放的優質人際關係，可以全面提高生活滿意度[19]。

練習

花一些時間思考現階段生活中哪些人際關係需要改善。

- 仔細解讀優質人際關係的四種途徑，試想自己是否漏掉了哪些途徑？
- 思考有哪些行為或社交姿態是在自己的可控範圍內，能夠提高人際關係的品質？（具體列出——我能做什麼，什麼時候可以做？）

把這些行為付諸實踐！要誠心誠意，並體驗過程中發生的事情。

- 哪些效果不錯？我是怎麼知道的？
- 有哪些做得不好？我是如何得知的？
- 最困難的部分是什麼？
- 下次我該怎樣才能做得更好？

閒聊，深談

在連續數月進出隔離區並隨時保持身體距離後，我們中的許多人可能感到在社交場合有些生疏（對我們中的一些人來說，「生疏」是一種非常輕描淡寫的說法，尤其是我們中那

些一開始就不太喜歡社交的人）。就連世界知名的心理治療師艾絲特・佩雷爾（Esther Perel）也承認自己有這種感覺，她在部落格中寫道，自己在封鎖後經歷了「社交萎縮」[20]。佩雷爾描述了她對有時乏味、有時膚淺的閒聊工作的反思，以及對這門手藝有了新的認識，陶醉於與當地店員、服務員、計程車司機和餐館顧客打交道的機會。

　　為了讓我們重新回到自己生活的社交世界，佩雷爾提供了一些提示，讓我們從閒聊重新開始。

練習

1. 從閒聊開始

- 佩雷爾說，下次你在餐廳時，可以考慮詢問服務人員，「當你休息時，最喜歡附近的哪間餐廳？」
- 停下來詢問當地的店家，「生意如何？」
- 詢問你的計程車司機，「開車去過最令你感到驚訝的地方是哪裡？」
- 詢問隔桌用餐的人，「不好意思。你點的那是什麼？看起來很好吃。」
- 在街上詢問某人，「我喜歡你的衣服，是在哪買的？」

　　真誠地向陌生人提問，會表現出真正的興趣，並表現出

無條件的積極尊重。這也是鍛鍊我們社交「肌肉」的一種方式。視情況表達關心，我們可能會讓某人感到開心。當你開始以這種方式參與時，請仔細觀察這些對話會帶來什麼，你會有什麼感覺，別人又會有什麼感覺。

2. 從閒聊到深談

　　二〇一九年九月十日，組織心理學家亞當・格蘭特（Adam Grant）在推特上發表了#Tuesday的想法：

　　「我們需要更多的對話，不要只是閒聊，而是從『深談』開始。

　　「向人們詢問他們最自豪的成就、他們追求的目標或最近最吸引他們的想法。你會驚訝於自己能夠如此迅速地深入到推特的#Tuesdaythoughts。」

　　喬丁和她的同事葛瑞格・瓦靈福德（Greg Wallingford）博士（格蘭特的前學生）將這個想法轉化為一種練習，讓醫學院學生和研究所學生能在線上教室中增加交流。這項簡單的干預措施，包括先讓學生與他人進行小範圍交談。我們提供了一些提示，諸如「你來自哪裡？」、「你在學校學什麼？」、「疫情最嚴峻時，你是怎麼度過的？」之類的提

示。然後，我們會轉向深入討論的問題，例如，「你今年最想做什麼？」、「在工作和學習之外，你對什麼最感興趣？」、「疫情期間，你對於自己或世界有了哪些認識？」

雖然我們沒有正式的科學證據來支持這種受推文啟發的干預措施，但是當我們對活動進行簡報時，學生們表示，與閒聊相比，大範圍交談練習中的參與度和連結度明顯更高，甚至更加了解自己的夥伴，且擁有更多自發、更有活力的交談，而不是簡單的來回問答。

通過深入討論來促進交流和親密關係，並不是什麼新鮮事。一九九七年，親密關係研究員亞瑟・艾倫（Arthur Aron）和他的團隊，將陌生人成對地帶進實驗室，根據他們的依附風格進行匹配，在兩種不同的情況下進行實驗：閒聊時的情況，亦即受試者參與閒聊的問題，以及親密關係的情況（包括我們認為是「深談」的問題）[21]。

在這兩種情況下，兩人見面並交談了四十五分鐘。艾倫及其同事發現，與閒聊組相比，親密組或「深入討論」組的人在互動後的親密度明顯更高。事實上，藉由越來越深入的問題，「持續的、升級的、互惠的、個人的」的脆弱性，導致了更親密的關係。

在這項實驗的二十多年後，研究中所使用的整套深談問題發表於《紐約時報》上，題為「通往愛情的三十六個問題」（36 Questions that Lead to Love）[22]。建議你與朋友、家

人、伴侶，甚至新的潛在伴侶（當作第一次約會的素材？），一起嘗試回答這些深談問題，而不僅僅是閒聊，看看當你以這種方式敞開心扉時會發生什麼。閒聊問題也很有趣，可以起到很好的熱身作用，但在建立親密關係方面，可能不會那麼有效。

　　你可以試著回答下面我們最喜歡的幾個問題：

閒聊	深談
1.你收過最好的禮物是什麼，為什麼？	1.倘若你可以選擇世界上的任何人做為晚宴的嘉賓，你會選擇誰？
2.如果必須從「現在住的地方」搬家，你會去哪裡？而「現在住的地方」你最想念的什麼？	2.怎麼樣會是你「完美」的一天？
3.上個月你去過最好的餐廳是哪間，但你的伴侶沒去過？與你的伴侶分享那次體驗吧！	3.如果可以改變你的成長方式，你想要改變什麼？
4.上個月你看過的最精采的電視節目是什麼，你的伴侶看過嗎？與你的伴侶分享吧！	4.如果明天醒來後能獲得一項特質或能力，你希望那會是什麼？
5.你最想去哪個國家？它有什麼吸引你的地方？	5.你最後一次在別人面前哭是什麼時候？自己一個人嗎？
6.你參加過學校戲劇演出嗎？你的角色是什麼？這齣戲的情節是什麼？你在舞台上發生過什麼有趣的事情嗎？	6.倘若你今晚就會死去，而沒有機會與任何人交流，你最後悔沒有說的是什麼？你為什麼還沒有告訴他們？

　　提出自己最喜歡的深談問題，並考慮讓這些問題成為你談話的一部分。看看當你致力於超越閒聊和別人能夠深談時，你會注意到什麼、學到什麼。

用心，好事就會發生

　　親密關係的一個顯著而強大的益處是，當我們生活中的事情進展順利時[23]，會有其他人陪伴在我們身邊。研究顯示，與他人交流發生在我們身上的積極事件，會增加我們的正面情緒和幸福感，其影響遠遠超過積極事件本身[24]。此外，當我們的好消息得到一種特殊的回應方式（即積極—建設性的回應〔ACR〕）時，其益處會進一步增強（它們會被放大）！研究還表明，在我們經常採用積極—建設性回應方式的關係中，伴侶間的親密程度和關係滿意度要高於採用其他回應方式的伴侶。

　　那麼，什麼是積極—建設性回應方式？當別人與我們分享好消息時，我們又該如何使用它？讓我們探討四種不同的回應方式，然後再深入研究積極—建設性回應。

　　以下內容根據真實故事改編。場景如下：史考特和喬丁透過Skype通話（是的，Skype，史考特堅持使用，因為他是個科技白癡），開始勾勒他們的新書。史考特還分享了一

些最近的好消息⋯⋯

史考特：

　　喬丁，你猜發生了什麼事？我剛在聖塔莫尼卡的海灘上看中了一套新公寓，我想我要買下它，爭取盡快搬進去。那裡感覺像天堂，離海灘只有幾步之遙，甚至還有一個可以錄製播客（podcast）的好地方。對於在疫情下生活的我們，那裡簡直就是理想之選⋯⋯我真的興奮極了！

　　現在，喬丁會如何回應呢？

　A. 史考特，我很高興聽到這個消息⋯⋯但也許我們可以稍後再談；現在，你認為我們可以先回過頭來繼續談正事嗎？
　B. 太好了，史考特。聽起來像是我老朋友住的地方，他也住在海邊，但他的地下室有一個隔音效果很好的錄音間，旁邊則是酒窖和泳池，他和貝克漢一家是鄰居⋯⋯
　C. 房子在幾樓？如果是一樓，你就必須確保擁有一個最先進的保全系統。那海灘上的噪音呢？你能負擔得起這個地方嗎？你確定你想在西岸至少再待一年嗎？你的家人全都住在東海岸⋯⋯
　D. 史考特，我很高興聽到你找到了自己喜歡的地方！告訴

我怎麼回事！你是怎樣找到它的？你最喜歡的地方是哪裡？有照片可以分享嗎？我很想看看！

積極—破壞性	積極—建設性
破壞事情 掃興的人 專注於負面的事物，導致尷尬、內疚	熱情的支持，提出問題 表現出真正的興趣、認可和理解 *加強人際關係
被動—破壞性	被動—建設性
忽略事件，將注意力轉移到自以身上 處處都要勝人一籌 籠絡性談話，改變話題，把焦點自分享者身上移開	安靜、低調的支持 掃興和浪費他人時間的人 *對人際關係最具破壞性

　　暫停並思考：使用前面表格，你認為哪些回答符合前面所述？這些回答中有沒有讓你感到恐懼的？當你與某人分享正面訊息時，是否收到過類似於上述回應？

　　當然，精通ACR藝術的喬丁，其反應與D最相似，即積極—建設性的回應。這種反應方式被證明對人際關係的品質最有利，其定義是對正面消息做出熱情的反應、提出問題並表現出真正的關注和興趣。這是與前面大寫字母回應相關的風格，一種近似於品味的積極體驗之放大（見第八章）。有些人說，在ACR風格下，他們的伴侶甚至比他們對這次活動還要熱情[25]！

　　但其他的風格呢？我們何時及為什麼會陷入這些不同的

回應方式？

A＝被動—建設性回應。被動—建設性回應指的是默默地、低調地提供支援。伴侶可能會為對方感到高興，但不會對這些正面的事件大肆宣揚，這會讓分享者認為，「我的伴侶通常會默默地支持我。他們可能不會說什麼，但我知道他們為我感到高興。」當我們忙碌、心煩意亂或出於各種原因，無法對伴侶提供超能力時，可能會陷入這種回應方式。我們可能會說「酷！」或「那太好了」，卻沒有進一步的情感投入。雖然我們可能認為那就是支持，但這種不冷不熱的反應方式，已被證明是最不利於關係品質的。

B＝被動—破壞性回應。在這種回應方式中，回應者可能會轉移話題，似乎對分享的正面消息不感興趣，或是將談話焦點完全轉移到其他事情，甚至自己身上。就本質而言，他們是在共同利用和劫持對話。在這個例子中，喬丁透過分享她朋友有一個更棒的地方來「劫持掉」史考特的話！我們經常表現出這種風格，用心良苦地試圖加入對方並建立連結，例如，「哦！我知道你的感受，因為我經歷過類似的事……」然而，儘管你動機良善，但傳遞出來的訊息往往更像是「我現在並不在乎你要說什麼」。

C＝主動—破壞性反應。（向所有正在閱讀這篇文章的父母或監護人致敬，「這聽起來就像我和孩子之間的劇本！」）這種回應包括通過指出潛在漏洞或問題來封鎖正面的消息，雖然是出於善意，但往往是被誤導的，聽起來像是為了保護分享者。當我們這樣回應時，通常會認為自己是在助人為樂，但實際上，我們所做的只是指出了一件好事的潛在缺點。從本質上講，我們是在扼殺伴侶的快樂。

當然，並非所有的好消息都是一樣的，有時可能需要指出缺點，或是讓我們關心的人從不安全感或不切實際的想法中回過神來。然而，如果我們的伴侶感覺不到支持，或者他們從我們這裡聽到的只有這些，那麼有節制的熱情或看似「建設性」的批評，可能會對雙方的關係造成影響。我們都應該在回應他人的方式上更加深思熟慮，因為對 ACR 風格的微小改變，就能建立起大量的信任和良好關係。

練習

1. 練習積極—建設性回應。

- 選擇生活中與你關係密切的人。當他們向你傳達好消息時，開始留意自己是如何回應他們的。注意任何模式，尤其是當你發現自己傾向於積極—建設性回應風格外的其他風格時。

- 決心以積極─建設性的方式回應此人的好消息。至少找出三個機會對這個人進行積極─建設性的回應。
- 反思自己，以及與他人的關係，在使用積極─建設性的回應風格時是什麼感覺。
    - 以這種方式修改你的回應風格，在哪些方面具有挑戰性？
    - 你的伴侶是如何回應的？
    - 你是否注意到自己的關係動態有任何變化？
    - 你是如何下定決心在未來要對所有人採取更多積極─建設性的回應？

2. 注意他人的積極─建設性回應。

- 有些人天生就善於幫助我們利用生活中的積極事件。當你感受到積極─建設性回應者的特別支持時，請讓對方知道他們的回應對你的影響有多大。考慮對於他們的支持及感謝他們在你生活中扮演的角色。

一起成長

在一段關係中，我們或多或少都會感到不安，無論是由於外部壓力或溝通不良，還是因為我們有迴避或焦慮傾向。然而，當伴侶間坦承地表達自己的恐懼和需求，並得到對方

的坦誠、接納和尊重時，過往被壓抑的擔憂就能直接得到解決。伴侶間也能從讀心術或猜測對方感受的壓力中解脫出來。

此練習專為二人組（任何兩個人：伴侶、朋友、兄弟姊妹等）所設計，用來做為深化有價值的關係、揭開隱藏情感的神祕面紗，以及確保信任和接納基礎的框架。

練習

1. 強調連結彼此關係間的超能力

● 與伴侶（另一半、好友等）沒有干擾的坐在舒適的環境中。建議將手機放在一旁，讓自己全身心地投入到這一刻。首先，可以一起想出兩到三個關係中最珍視、最能給你們帶來滿足感的元素，例如，在一起的樂趣、共同的價值觀、齊心合作的能力。請隨意深入探討這些讓你們關係成功的因素，並列舉具體的回憶或故事，也許還可以分享你們過去沒有表達過的感受。反之，讓每個人都有機會分享他們的反思。

2. 強調你對於這樣的關係會感到不安。

● 一旦雙方都覺得已經充分了解這段關係中最牢固的部分，就可以讓每一方分享他們可能懷有的顧慮或不安全

感。在分享的過程中，請遵守基本規則，只使用「我」的陳述，而不是「你」；再者在分享自己經歷時，不要把責任歸咎於對方。例如，與其說「你沒事先告訴我會晚點回家，你太沒禮貌和不體貼了」，不如換個方式說「當沒有收到你會晚回來的訊息時，我會感到自責與擔憂，然後睡不著覺」。

3. 傳遞相互理解的信息

- 傾聽者要等到對方完全分享完畢後再做出回應（這很棘手，但很有效！）。回應之前，傾聽者在沒有防禦心或保證的情況下，簡單地重複對方的陳述，以確保雙方都能理解，例如，「我聽到的是，當我沒有告訴你我什麼時候回家時，你感到受傷和擔憂。」

4. 表達感謝

- 感謝對方表達了這些感受——雖然很難聽到自己伴侶表達出沒有安全感，但是以這種方式表現出內心的脆弱，需要極大的勇氣。

5. 制定行動計畫

- 一起考慮制定解決問題的重點計畫或策略，並利用練習的第一個部分中你們的共同優勢，來制定可行的解決方

案。即使不一定能解決這些問題，後續對話也是一個完
全可接受的計畫。

注意：你們可能無法一次就能「解決」這些問題或疑
慮。這個練習的目的是創造一個安全的環境，讓你們可以直
接分享感受，並練習不帶評判和防禦性地傾聽對方，讓伴侶
雙方都能更加關注彼此的需求。利用你們是一對的共同優勢
來處理不安全感和焦慮，是一種很好的方法。

寬恕

如果疫情時代提醒了我們什麼，那也許就是生命本身的
不穩定性——我們在這個星球上擁有的有限而寶貴的時間。
我們永遠不知道自己還能活多久，這種想法同時讓人感到恐
懼和解脫：恐懼是因為我們終於意識到自己對最終命運的掌
控有多無力，而解脫則是引導我們把握機會、活在當下。

寬恕我們的同類和我們自己，並接受更廣泛的寬恕，是
一種有效的機制[26]；通過這種機制，我們可以擺脫不必要的
毒性，在這個地球度過更安寧、更平和的時光。因為遭受他
人的傷害，是人類經歷中不可避免的一部分。我們每個人都
曾遭受他人的傷害與不公，甚至有人經歷過深刻的人際背叛
或創傷（如身體或心理傷害）。

　　人際創傷的一種常見反應是羞恥、內疚、無價值、無力感和自責等自我貶低情緒。這些情緒可能有助於減輕當下痛苦，但也可能帶來嚴重的情緒成本。自責和羞愧可能會助長再創傷（過早和解、邊界設定不當）和心理困擾（抑鬱、自卑）的迴圈，尤其是當自責被視為是個人行為或性格使然（即「發生這件事是因為我天生就有缺陷、沒價值」），而不是行為造成的（即「如果我沒把自己置於這種棘手的境地，就可以避免這種情況⋯⋯我再也不會這樣做了[27]」）。

　　對人際傷害的另一種常見反應，是產生**自我保護情緒**，例如憤怒、發狂、憤慨或報復。這些情緒可能會適當地激勵我們設定嚴格的界限，防止再次受到傷害，卻也可能會助長怨恨、痛苦和尋求報復的情緒。這種反應會強化成一種冷酷、憤懣的情緒狀態。

　　意識到我們自己對冒犯他人時的情緒反應，如自我貶低或自我保護──對於我們致力於真正的寬恕過程至關重要。

　　暫停並反思：

- 當別人做了對不起我的事時，我通常會有什麼反應？
- 我是否傾向於自我貶低、自我保護或兩者皆有？我的反應如何是取決於實際情況？
- 這些不同反應對我有何幫助？它們會如何扼殺我前進的動能？

　　寬恕是一個深思熟慮的過程，是在社會的推動下，對曾經傷害過我們的人減少消極情緒、增加積極情緒的過程。雖然減少負面情緒對於寬恕來說是必要的，但還是不夠。這個過程還需要承認發生了重大的過失，並讓犯錯的人承擔適當的責任[28]。因為只有這樣，我們才能騰出空間來培養對犯錯者的同情、仁慈、憐憫和愛，甚至以善意取代痛苦的情感。這個過程反映出我們可以給予他人的終極恩典，因為接受寬恕不是一項權利，而是一種特權[29]。

　　關於寬恕的一個常見的誤解是，人們都認為它只是一個人際交往的過程，而不是一個內省的過程，但是它並非如此！我們還是可以寬恕，但是不與違法者接觸，我們也可以寬恕那些已不在人世的人。寬恕存在於內心，而且只有我們自己知道。重要的是，我們還可以原諒自己的疑慮。寬恕不是縱容傷害行為，而是釋放和減輕與我們痛苦相關的情感包袱，這樣就不會因懷著自我毀滅的想法、行為、憤怒和怨恨，讓人生變得殘缺不全。

　　我們越善於寬恕就越能培養出寬恕精神，這是一種關於寬恕的普遍態度。寬恕與建立健康的界限、有效的和解、過去事件的解決、增強復原力[30]及改善臨床焦慮和抑鬱有關[31]。

　　這個練習改編自埃弗雷特·沃辛頓（Everett Worthington）的REACH寬恕模式[32]。這五步驟的模型已經被世人廣為流傳和測試，並且與不同人群中增強的情感寬恕有關[33]。REACH

是五個縮寫字母所組成的單字，通過它，我們可以將自己從痛苦怨恨或自責的束縛中解放出來。在開始練習前，我們必須敞開心扉、承諾寬恕。

練習

R＝回憶過去的傷害

要想寬恕，首先我們必須承認自己曾經受過他人的傷害。明智的作法是避免將自己視為受害者、將傷害我們的人視為怪物（抑或如若我們打算寬恕自己，就不要將自己視為怪物）。請記住，這是關於寬恕，而不是報應。以一種抽絲剝繭的方式承認傷害：

- 發生了什麼事？
- 我當時的感覺如何？
- 在受傷後的幾天和幾週內，我產生了哪些情緒？
- 我現在如何看待此一事件？

E＝同情他人

同理心，就是設身處地的為他人著想，包括情感上（他人的感受）和認知上（他人的想法）。當然，除非問別人，否則我們永遠無法確切了解他人的想法，但是我們可以真誠地努

力去理解，他們為什麼會有這樣的行為。

● 想像對方就坐在對面的椅子上，準備聆聽我們要說的
話，或是向他們傾吐我們的心聲。如果他們真的在我們
面前，我們想對那個人說些什麼，請把這些話說出來或
寫下來。

　　一旦傳達了我們的感受，就要將心比心、換位思考，把
自己想成是另一個人。以一種有助於理解這個人在傷害我們
時，可能經歷了什麼的方式與自己對話。想像這個人的生活
中可能發生了什麼、經歷了什麼，才讓他們傷害了我們。

A＝無私的禮物

　　下定決心將我們的寬恕當作無私、利他的禮物。為此，
請想像一下，在我們的生活中，有誰曾原諒我們的錯誤行
為。而當我們被原諒時，感覺如何？
　　透過無私的寬恕，可以讓傷害我們的人感受到同樣的輕
鬆與自由。

C＝承諾會做到寬恕

　　給自己寫一張便條，肯定這種寬恕。我們可以選擇一些
簡單的內容，如「今天我原諒了（某人的名字）對我的傷

害」。我們可以考慮與這個人分享，當然也可以只寫給自己。讓這張紙條成為我們的責任。請記住，寬恕是一個人際交往的過程。就讓寬恕成為我們的責任。

H＝堅持會做到寬恕。

如果／當我們對自己寬恕感到懷疑時，請重讀我們的紙條，重新做出承諾。請記住，寬恕並不表示遺忘，它只是意謂在傷害已經造成後，放下更多的痛苦和傷害。

完成這五步驟後，反思這個過程：

- 參與這種練習的感覺如何？
- 是否有一個或多個特定的步驟，讓你覺得最具挑戰性？
- 如果與一個傷害你的人分享了你的承諾，結果會是如何？
- 我現在對這個人有什麼感覺？
- 我該如何才能接受這種模式，讓自己變得寬容？

你可以隨時與生活中想原諒的任何人，重複這個REACH流程。原諒確實是最重要卻也最被低估的幸福預測指標之一[34]。反之，無法寬恕則是自戀、對立和過度自我關注的強烈標誌[35]。健康的自尊是自我實現的強大助力，而自戀的自尊則會嚴重阻礙自我實現。現在，讓我們把注意力轉到這個重要的話題。

第三章

培養健康的自尊

社會中的所有人（除了少數病態的例外），都需要
或渴望別人對自己有穩定、堅實的高度評價。因此
我們需要自尊和自信，以及受到他人的尊重。
　　　　　——亞伯拉罕·馬斯洛，《人類動機的理論》
　　　　　（*A Theory of Human Motivation*）

　　這個時代「史無前例」的特點之一，就是我們有大量的
時間來思考。對於我們之中的許多人來說，這段時間的不穩
定導致了我們在面對環境變化時的極度自我不確定性，包括
與世隔絕、失業、遠端工作及學習與實體辦公室和學校間的
來回轉換。當然，無處不在的社交媒體為我們提供了一個了
解他人、名人和同齡人光鮮生活的視窗，進而向我們發出強
烈的、甚或是陰險的信號，使我們不再關注與自己真正關心
的人建立連結，也不再關注發展能讓我們真正有掌握感的技
能。
　　本章中，我們將解讀自尊與需要他人肯定之間複雜的相

互關係。我們將幫助你培養健康的自尊及相關的概念——自我疼惜、打破完美主義和偏見的思維、對抗冒名頂替症候群，並主張自己的需求。

什麼是健康的自尊？

自尊代表著喜歡自己、相信自己有價值、相信自己的能力——通過自己的行動實現自己的目標。這可歸納為兩個核心要素：自我價值和掌握。我們的自尊心是生命早期於溫暖照顧者的環境中形成的。當孩子在他們認為自己很重要的環境中成長時，會將自己是有價值的訊息內化，然後受到來自他人讚美和認可的進一步影響與塑造[1]；最後，根深柢固的社會保護體系，讓我們能夠感受到來自他人的有力評價。

然而，健康的自尊是我們對自己的自我價值和自我能力形成的一種相對穩定信念，不會那麼依賴於別人一時的評價。健康的自尊心不是感覺比別人優越，因為這只會讓我們更容易地陷入自戀的境地，這點會在後面討論。相反的，它是關於我們對自己及自己的正面特質與所追求事物感到滿意和真正的自豪。羅森伯格自尊評量表的創建者莫里斯・羅森伯格（Morris Rosenberg）曾說：「當處理自尊時，我們問的是自己是否足夠成為一個有價值的人，而不是他是否認為自己比別人優越[2]。」

　　透過查看對下列陳述的認同程度，來了解我們在自尊這兩個組成部分上的立場[3]：

自我價值感	掌握程度
❏我喜歡我自己。 ❏我是一個有價值的人。 ❏我對自己很滿意。 ❏我有充分的自我價值感。 ❏我對自己有足夠的尊重。	❏我對我做的事情非常有把握。 ❏我總是能夠完成自己嘗試努力的目標。 ❏我在很多事情上都表現的很出色。 ❏我總是能夠實現自己的目標。 ❏我能夠良好地對應生活中的挑戰。

健康的自尊對比自戀

　　雖然自尊是人類普遍的需求，但是人類可以藉由各種方式來調節這種需求。擁有健康自尊的人相信他們是有價值的，並且有能力朝著自己的生活目標前進，但不會不計代價地一味追求自我感覺良好或外表光鮮。自戀可被視為對自尊需求的不健康調節，最需要擔心的是抵禦膨脹的自我意識。

　　然而，當大多數的人想到自戀時，腦海中浮現的是一位極度自信、搥胸頓足的自戀者樣貌，他們要求自己永遠是聚光燈下的焦點，總是想成為眾人目光的焦點，不斷告訴大家他們有多麼偉大和優秀，同時操縱和利用他人。雖然這只是

自戀的一種表現形式，被稱為「誇大的自戀」，但是心理學家同時也發現了自戀的另一種更為「脆弱」的表現形式，其特點是極度的自我不確定性。

有趣的是，當人們在進行自尊調查時，很少有人說自己的社會價值為零。相反的是，自尊心低的人其分數往往落在中點附近，這表示出他們確實有不確定的自尊心[4]。當極端的自我不確定性與自戀的自我權利核心產生關聯時，就會發展出高度脆弱的自戀，而對於輕視通常會顯現出極度的敏感和極深的羞恥感、敵意、不信任、憤世嫉俗和怨恨，同時還需要他人的不斷認可。再者，他們害怕顯示出軟弱或脆弱，並對獲得他人的尊重抱有浮誇的幻想，而這種幻想一旦表達出來，往往會讓人大吃一驚[5]。

傲慢和脆弱的自戀都可以來回循環，甚至可以同時存在。有趣的是，史考特和他的同事艾曼紐·賈克（Emmanuel Jauk）所進行的研究發現，誇大自戀和脆弱自戀間存在非線性關係：一般來說，雖然誇大自戀程度高的人不會呈現出太多脆弱自戀，但是這之中存在一個「斷點」，自戀程度極高的人往往更明顯地與脆弱自戀程度高的人連結在一起，而脆弱自戀又與更高程度的恐懼、焦慮和憂鬱有關[6]。

由於這對自我實現有極重要的影響，我們認為對自己誠實是非常必要的，這樣才能努力的消除成長過程中不必要的障礙。在不被標籤所困擾的情況下，請閱讀下面的陳述，並

誠實地評估這些特徵，在我們日常生活中可能發揮的作用[7]。

誇大自戀衡量表	脆弱自戀衡量表
❑我喜歡成為舞會上最受歡迎的人。 ❑我通常能夠掌控大多數的情況。 ❑當人們評判我時，我不在乎。 ❑我經常幻想會獲得很多成功和權力。 ❑我渴望成為偉大的人。 ❑我很擅長操控他人。 ❑我願意利用他人來實現自己的目標。 ❑我應該得到特殊待遇。 ❑我不擔心別人的需求。 ❑別人說我太喜歡吹牛，但我說的都是真的。	❑我經常覺得自己需要別人的讚美，才能肯定自己。 ❑當我意識到自己在某件事上失敗時，會感到很丟臉。 ❑當別人瞥見我的需求時，會感到焦慮和羞愧。 ❑我經常隱藏自己的需求，因為害怕別人會認為我有需求和依賴。 ❑受到批評時我會生氣。 ❑當人們沒有注意到我是一個多麼優秀的人時，我會很生氣。 ❑我喜歡有依賴我的朋友，因為那讓我覺得自己很重要。 ❑有時我會避開別人，因為擔心他們會讓我失望。 ❑有時我會避開別人，因為我擔心他們不會認同我為其所做的一切。 ❑我經常幻想自己的成就被認可。 ❑當有人對我好的時候，會懷疑他們想從我身上得到什麼。

　　只是做為人類，我們某種程度上同意其中的一些說法！事實上，有些只是高度適應性的應對策略，可以保護自己免受他人拒絕的痛苦經歷，以及我們錯誤的自我判斷和羞恥

感。身而為人免不了都有些自戀，我們每個人都有可能陷入自戀的境地，而對自戀的關注甚至在一天中都可能會有劇烈波動。

無論我們的整體模式如何，都可以努力控制這些特徵，以免掩蓋我們的最大潛能。胸懷大志或充滿自信並沒有錯。問題是過於自信（在誇大自戀的情況下）或對自己的雄心壯志感到強烈羞恥（在脆弱自戀的情況下）。過度自信會導致錯誤，並忽視可以幫助我們成長的真實感受。史考特及其同事進行的研究清楚表明，脆弱自戀與較低的生活滿意度、自主感、真實性、掌控力、個人成長、正面的社交關係、目標和生活中的自我接納有關。此外，有脆弱自戀傾向的人也缺乏對自己想法和感受的信任，並且極度缺乏自我意識，還有我們稍後將會討論的，嚴重的冒名頂替者症候群[8]。

我們希望提供一種更健康的替代方案，來取代自戀的態度，這種方式是可持續的，更有可能帶來成長和正面的人際關係：自我疼惜。

健康的自尊和自我疼惜

在我看來，〔充分發揮作用〕的個人是在有意識地接受自己內在和實際的過程……他不會試圖超越自己，從而產生不安全感或虛張聲勢的防衛心理。他

並沒有試圖要去貶低自己，卻伴隨著內疚或自嘲的
感覺。他越來越多地傾聽自己生理和情感的最深
處，並發現自己越來越願意更準確、更深入地成為
那個最真實的自己。

——卡爾‧羅傑斯（Carl Rogers），《論成為一個人：
治療師對心理治療的看法》（*On Becoming a
Person: A Therapist's View of Psychotherapy*）

如果自尊是對我們自我價值和掌控能力的真實評價，那
麼當我們感覺不是特別能掌控，或者面對人類生存不可避免
的挫折時，會發生什麼？現代心理學家莉絲汀‧內夫
（Kristin Neff），是知名的自我疼惜專家，她提出了自我疼
惜、善待自己的作法，她要我們承認共同的人性，並且在想
到自己的消極面時能夠保持正念。

自我疼惜是種資源，即使在不可避免的困難和痛苦中，
它仍會陪伴著我們。內夫說，如果自尊是建立在績效評估或
「把事情做對」的基礎上，那麼自我疼惜就是「敞開心扉」[9]，
像對待摯友般的對待自己。即使是地球上最成功和最有成就
的人，有時也會覺得自己像個騙子或冒牌貨，成功只是運氣
好而已，而不是自我掌控和技能。我們之中有多少人可以成
為自己最嚴厲的批評者？我們當中有多少人能夠像對待有需
要的親密朋友般對待自己？我們常常對自己很冷酷。自我疼

惜使我們能夠忍受痛苦的經歷，並從根本接受完整的自己。

　　在其《激烈的自我關懷》（*Fierce Self-Compassion*）一書及她關於該主題的許多科學出版物中，內夫強調了自我疼惜與自尊的區別，並揭露了自尊的一些缺點。或者更確切地說，我們之中的許多人可能會用來加強自尊的策略，例如，透過貶低他人來提升自己，用我們為自己設定的武斷標準來評判自己的價值，從而導致扭曲的自我認知[10]，並對威脅到我們自我的人表現出偏見[11]，甚至暴力[12]。

　　「〔自我疼惜〕讓我們成為更完整的人。」內夫說。

　　我們放棄追求完美或理想的生活，轉而專注於在任何情況下關愛自己。也許我剛剛錯過了最後期限，也許我說了些愚蠢的話，也許我做了一個糟糕的決定，也許我的自尊心受到很大的打擊，但如果我在那些時候能夠善待自己，並多些理解，我就成功了。當我們能夠接受真實的自我，給予自己支援和愛時，就實現了自我的目標。無論如何，這是一個始終可以讓我們查核的勾選框[13]。

自我關懷的一體兩面

　　內夫借鑑了中國古代哲學的陰陽概念，這是一個反映動靜之間良好平衡的萬用能量原則，並以此來描述構成自我關

懷的兩種不同能量。

　　由於陰代表一種柔軟的、屈服的、接受的、滋養的能量，因此自我關懷的陰性特質是溫柔的；它包括與自己同在並接納自己，撫慰、確認和安心，讓我們知道在苦難中並不孤單；內夫將陰描述為自我關懷的「治癒力量」。而陽則代表互補的力量，陽是凶猛的、保護的和激勵的；內夫將陽描述為「內向的熊媽媽」，到處走動以減輕痛苦。當我們練習自我關懷時，可以運用實用的智慧來判斷，什麼時候應該練習接納、擁抱陰；什麼時候必須召喚陽來保護自己，並且在這個世界上到處走動。

陰和陽的自我關懷：
用關愛的力量改變自己和世界

和自己在一起

陰：
－欣慰
－舒緩
－驗證

陽：
－保護
－提供
－激勵

活躍在世上

暫停和反思：

- 這些概念如何引起我的共鳴？什麼樣的情況下我的自尊受到威脅，練習自我疼惜對我有什麼幫助？
- 生活中有哪些情況需要我去練習陰（溫柔、舒緩、驗證）的元素？
- 我生活中有哪些情況需要我去練習陽（猛烈、保護、激勵）的元素？

本章內其餘部分所演示的練習，旨在透過自我疼惜的視角，來增強我們健康的自尊和無需自戀的自我表現。我們如何與他人建立適當的界限、與普遍存在的冒名頂替感抗爭，並了解自己弄巧成拙的挫敗思維，然後以最佳狀態融入周圍的世界？雖然這些練習對個人而言，是最基本和最重要的，但是做這些練習的目的是在幫助我們走上讓社群和世界變得更美好的道路。改變世界，從我開始。讓我們一起成長。

設定健康的界限

當你對某件事說「是」時，你總是在對另一件事說「不」[14]。

——蓋爾・加澤爾（Gail Gazelle），

醫學博士，內科醫師教授

在變化多端和不確定的時期，我們必須努力地滿足自己的需求、設定個人的界限，並學會在必要時說「不」。保護和維護自己的需求，是內夫所說的強烈自我關懷的一個例子[15]。這種猛烈的自我憐憫（陽）必須伴隨著一種溫暖、關愛和與自己相連的存在（陰），因為正是「與」自己同在，才能使我們真正地與自己的需求連接起來[16]。

事實上，優先考慮自己的需求和目標，更經常地維護這些需求，是我們可以用來更有效地幫助他人的絕佳策略[17]。史考特開發了一個「健康的自私評量表」，打破了「我們只能在自私的幫助自己和無私的幫助他人間擇其一」的錯誤的二分法。史考特發現，健康的自私與幾個成長的指標相關，包括健康的自尊、生活滿意度和對工作真正的自豪感。矛盾的是，那些在健康自私方面得分較高的人更有可能關心他人，並且發現有更多以成長為導向幫助他人的動機，例如，「我幫助他人的一個主要原因是渴望個人成長」及「我喜歡幫助他人，因為幫助他人成長真的讓我感覺很好」。考慮下面列出的項目，看看你在自己的生活中有多少健康的自私（你可能會決定你需要更多健康的自私！）：

健康的自私評量表[18]

❏ 我有健康的界限。

❏ 我很寵愛自己。

❏ 我有健康的自尊心，而且不讓別人占我便宜。

❏ 我能平衡自己與他人的需求。

❏ 我主張我自己的需求。

❏ 我有一種不會傷害他人的健康自私方式（如冥想、健康飲食、運動）。

❏ 即使對別人付出很多，我也知道何時該充電。

❏ 我允許自己盡情享受，即使不一定能幫助別人。

❏ 我會照顧好自己。

❏ 我會優先考慮自己的個人計畫，而不是他人的需求。

　　我們確信你在搭乘各種航班時都聽過這句話，「在幫助他人之前，請給自己戴上氧氣面罩。」這是一明智真理，我們都可以在生活的許多方面接受它。如果我們不先滿足自己的需求，又怎麼可能持續地為他人付出？

　　那麼，我們該如何優先考慮自己的需求和目標、更有效地說「不」，並與他人建立健康的界限呢？要做到這點，需要健康的自信，這是一種由開放、誠實和尊重的溝通所定義的社交技巧，我們直接表達自己的需求、願望和感受，同時

歡迎甚至接納他人的需求，包括那些持反對觀點的人。

　　我們都可以透過了解、健康、自信的心態，練習採用更自信的溝通方式。掌握了這種風格的人，往往也會認為他人的需求與自己的需求同樣重要，但不一定比自己的需求更重要，並且每個人都能做出有價值的貢獻。健康自信的目標是保持自尊和對他人的尊重，同時放棄一直「贏」的需要。

　　練習健康的自信，包括認識到自己的價值，並接受我們只能控制自己而不是他人的行為。我們無法讀懂別人的心思，所以想要什麼，就必須說出口！以清晰和直接的方式提出要

> 人沒有讀心術；如果我們想要什麼，就必須說出口！

求，可減少模稜兩可的情況，讓我們的要求一目了然，「如果你能在會議結束時打個電話給我，我會很高興，這樣我就知道你什麼時候會回家。」或「你能告訴我何時需要這個，讓我可以提前準備？」。

　　當我們不要某樣東西或需要說「不」時，也必須直接這樣做。「我非常感謝你能想到讓我參加這個項目，可惜的是，現在對我來說不是一個好時機。」你甚至可以考慮添加一個語句，例如，「今晚我不能出去，因為現在我需要給自己一些獨處休養的時間。」內夫主張，當我們在自我休養生息說「不」時，樹立了一個重要訊息，即我們每個人都要對自己的幸福負責，並且允許別人也這樣做。

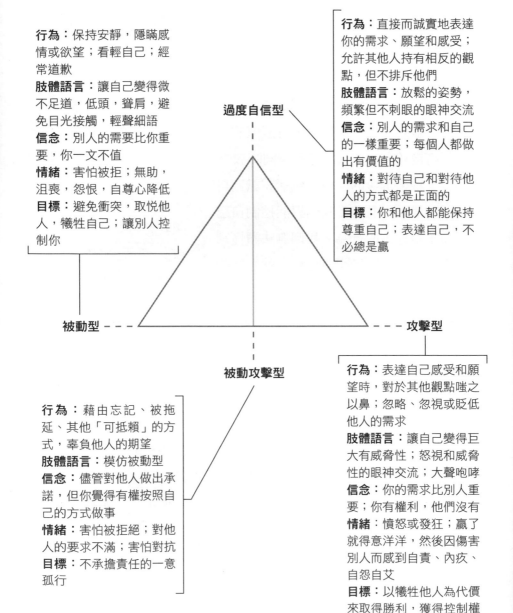

行為： 保持安靜，隱瞞感情或欲望；看輕自己；經常道歉
肢體語言： 讓自己變得微不足道，低頭，聳肩，避免目光接觸，輕聲細語
信念： 別人的需要比你重要，你一文不值
情緒： 害怕被拒；無助，沮喪，怨恨，自尊心降低
目標： 避免衝突，取悅他人，犧牲自己；讓別人控制你

過度自信型

行為： 直接而誠實地表達你的需求、願望和感受；允許其他人持有相反的觀點，但不排斥他們
肢體語言： 放鬆的姿勢，頻繁但不刺眼的眼神交流
信念： 別人的需求和自己的一樣重要；每個人都做出有價值的
情緒： 對待自己和對待他人的方式都是正面的
目標： 你和他人都能保持尊重自己；表達自己，不必總是贏

被動型 — — 攻擊型

被動攻擊型

行為： 藉由忘記、被拖延、其他「可抵賴」的方式，辜負他人的期望
肢體語言： 模仿被動型
信念： 儘管對他人做出承諾，但你覺得有權按照自己的方式做事
情緒： 害怕被拒絕；對他人的要求不滿；害怕對抗
目標： 不承擔責任的一意孤行

行為： 表達自己感受和願望時，對於其他觀點嗤之以鼻；忽略、忽視或貶低他人的需求
肢體語言： 讓自己變得巨大有威脅性；怒視和威脅性的眼神交流；大聲咆哮
信念： 你的需求比別人重要；你有權利，他們沒有
情緒： 憤怒或發狂；贏了就得意洋洋，然後因傷害別人而感到自責、內疚、自怨自艾
目標： 以犧牲他人為代價來取得勝利，獲得控制權

對於那些在別人向我們提出要求時，卻不知自己當下感覺如何的人來說，可以採用「讓我考慮一下」的策略[19]，「讓我考慮一下，週末前再給你答覆。」而非本能反應的回答「我當然會做！」。有時，特別是對我們這些傾向於說「是」的人來說，需要一點空間來權衡量工作的價值。設定一個明確的期望值，告訴我們什麼時候給對方答覆，可以給自己施加一定的壓力，而能及時做出決定。

過度自信型是四種主要的溝通形態之一，包括被動型、攻擊型、被動攻擊型和過度自信型。下圖歸納了這些主要形態的特徵，包括行為、非語言、信念、情緒和目標，這些是改編自蘭迪·派特森（Randy Paterson）的《自信練習簿》（*The Assertiveness Workbook*）[20]。這種練習是要開始實現我們強烈的自我疼惜和健康自信，以取代其他適應性較差的溝通方式。

練習

1. **反思**。回顧金字塔圖形，以及被動型、被動攻擊型、攻擊型和過度自信型的行為、肢體語言、信仰、情緒和目標。在不評判自己的情況下，誠實地考慮我們在生活多數領域中處於該金字塔的哪個位置。（注意，我們可能會在不同的環境中或與不同的人相處時表現出不同的風格；想想你最主要的風格）根據你的主導風格，完成以下思考：

對於被動型的溝通者	對於被動攻擊型的溝通者	對於攻擊型的溝通者	對於自信的溝通者
1. 我自己的需求和願望，在哪些方面與其他人的一樣重要？	1. 我可以透過哪些方式，期望別人根據我的行為「讀懂我的想法」，而不是直接告訴他們我的感受？	1. 我該如何才能為他人的需求和願望創造更多的空間？	1. 我自信的溝通風格在哪方面有助於我的幸福感和與他人關係的品質？
2. 如何更明確地主張自己的需求？如何更好地為我和我的目標服務？如何更好地為我所在的團體和團隊服務？	2. 如何更清楚地主張自己的需求？如何能更好的為我和我的目標服務？如何更好地為我所在的團體和團隊服務？	2. 更好地了解他人的需求和願望，對我有哪些好處？這對我所在的團體和團隊有什麼好處？	2. 生活中，有哪些領域對於我特別具有挑戰性？如果有，是哪些？
3. 我可以通過哪些方式與他人劃定更嚴格的界限，以減少怨恨、增強控制力及對自己更滿意？	3. 我可以通過哪些方式更直接地表達我的需求和願望？	3. 可以透過哪些行為和肢體語言，來證明我重視他人的需求和願望？	3. 在不同的領域中，我可以透過哪些方式實踐自信風格？

適用於每個人：試想一下，在生活中的某種情況或關係中，你希望自己變得更加自信（而不是被動型、被動攻擊型或攻擊型）。跨領域思考，包括家庭、工作、社交生活等。也許

你可以為了自我保護而說「不」，或是與占用你太多情感、精神或體力的人或事，設定一個健康的界限。

- 將這個人或這個情況帶入你的腦海中，並停留片刻。想像時，可以閉上眼睛，使其能更清晰地聚焦。

- 在你腦海中浮現這個影像的同時，開始讓你的身心安定下來。從腹部做幾次深呼吸，迎接一種溫暖而平靜的感覺。靜坐片刻，讓自己在這種情境下充分探索和確認需求。

- 想出一、兩句話，盡可能直接而堅定地（不要用粗魯的方式）表達需要。不要有任何歉意，特別是如果你傾向於被動的風格。在腦海中演練這些句子，最好把它們寫下來。問問自己：我的目標是什麼？我怎樣才能盡可能清晰、直接和簡潔地傳達它？

- 準備好與有關方分享這種情緒，就像你練習的那樣。確定一定要用自信和尊重的肢體語言。

2. **走出去分享，並劃定界限！** 當你以練習的方式分享需求時，請仔細聆聽所得到的回應。發誓你會尊重別人分享給你的意見，不爭辯或退縮。如果你發現自己的反應、肢體語言或信念陷入被動型、被動攻擊型或攻擊型時，請千萬要注意。如果遇到阻力，請深呼吸並保持身體穩定。在不損害自己的價值觀和需求下，也許可以考慮稍後再重新檢

討這個問題。

3. 反思這段經歷：

- 我做了什麼？進展如何？
- 如果有任何進展，哪些特別具有挑戰性？哪些進展順利？
- 在保持尊重他人目標和需求的同時，直接說出自己需求和願望的感覺如何？
- 如果有的話，我下次可以採取什麼不同作法？
- 我如何才能以這種方式繼續保持健康的界限？

挑戰扭曲的思維

自從新冠疫情出現以來，許多人的生活充滿了普遍而長期的不確定性；我們的安全、健康和生存受到了真正的威脅；原本熟悉的生活被重新想像。這就是「認知扭曲」的完美配方，抑或是我們思維中帶有偏見的習慣性錯誤，充分體現並放大了這個時代的恐懼與混亂。這種練習是關於識別和理解我們所遭受的一些認知扭曲，並積極挑戰和測試它們的有效性，以便我們可以打破消極的思維模式，運用理性並培養有利於成長的觀點，而不僅僅是讓我們生存下來[21]。藉由這樣的過程，我們可以練習對自己的自動化思維和核心信念

帶來一種好奇感，並以理性和善待自我的態度來迎接它們。

　　以下幾頁的表格，總結了常見的認知扭曲及其定義和範例。表格還列出了挑戰這種扭曲的問題[22]。

練習

1. **培養洞察力**。閱讀常見的認知扭曲表，找出那些你經常出現的認知扭曲。

  - 我最常陷入哪些扭曲？
  - 我通常什麼時候會陷入這些思維模式？是否有特定的情況、內心狀態或情緒或人讓我陷入這些模式？

2. **成為一名科學家！**使用這張改編自亞倫・貝克（Aaron Beck）的《功能失調思想每日紀錄》（*Daily Record of Dysfunctional Thoughts*）[23]的表格，思考我們最近陷入認知扭曲的實際案例。剖析場景，從我們經歷的觸發事件到自動化思維，再到由此產生的後果。後果可能會是情緒上的（我感覺如何？）、行為上的（我做了什麼？）和生理上的（我的身體發生了什麼變化？）。使用我們提供的關鍵問題來挑戰這些扭曲。此外，還需考慮：我會對有類似情況的朋友說些什麼？最後，探索你在質疑這些扭曲後的感受。

3. **即時捕捉扭曲！**養成定期留意認知扭曲的習慣，並在它們
出現時對其進行干預，從而以更有利、更理性、更具適應
性和更有自我疼惜心的方式，取代負面的情緒、行為和生
理反應。

扭曲	定義	約會生活的例子	與新冠疫情相關的例子	挑戰扭曲的關鍵問題
全有或全無的極端思維	以極端的方式看待一切	「如果我被這個女人拒絕，就是人生的全然失敗者。」	「如果我搞砸了這次的求職面試，就再也找不到工作了；我的家人就會挨餓，完全沒有擺脫困境的希望。」	這裡的灰色地帶可能會是什麼？
災難化	相信在特定的情況下會發生最壞的情況	「如果接近這個我很喜歡的女人，百分百會被嚴詞拒絕，每個人都會看到，我會感到徹底被羞辱，發生這種情況的影片會出現在 Instagram 的某個地方，連我媽都會看到……」	「如果我不能送我的孩子上學，他們一整年都會學不到東西，然後在情感和發育上的進展遲緩，永遠無法恢復和發揮潛力，他們將成為人生的失敗者……」	這種最壞情況的發生率有多大？我有什麼證據相信這會發生？我是否有能力改善結果？

虛假的絕望感	相信我們能力不夠，無法達成（實際上我們是有能力的）	「無論如何，接近她是毫無意義的；我可能只會給人留下陰暗的印象。」	「我甚至不該費心跟老闆說，我需要花點時間找保母……不管怎樣，他們都會解僱我；我還不如辭職……」	在這裡冒險，即使成功率很低，應該也會有成果？
把自己渺小化	低估了我們在正面事件中的角色	「她似乎對我很感興趣，但我認為自己真的不配……或許她只是喜歡我的新夾克，而不是我在那次互動中的任何言行。」	「我們團隊在虛擬簡報中表現出色——這都是我同事的功勞。而我無疑是這個團隊的累贅。」	我可以做些什麼來處理這種情況？
歸咎於自己	將結果完全歸因於自己的行動或行為	「她說她有男朋友。她一定是故意這麼說的，因為她真的對我沒興趣，也可能是對我很反感。」	「如果我能成為一個更好的父母，我的孩子就不會在遠距學習方面，遭遇這麼大的挫折。我到底是怎麼了，怎麼什麼事都做不好？」	其他人會做些什麼來處理這種情況？

什麼事都覺得「應該」	我們希望事情如何發生，那麼事情就應該那樣發生	「她應該是真的喜歡我，這似乎是命中注定的。」	「我現在真的不該這麼沮喪，家裡又沒有人生病。」	這種想法合理嗎？為什麼「應該」以這種方式發生？我有什麼證據能夠證明事情「應該」會有不同的結果？
自我主張的權利	根據我們的狀態或行為，期待特定的結果	「我值得她喜歡，因為我是個好人。」	「我知道工作時應該要戴上口罩，但我剛檢測的結果是陰性，所以我可以不戴。」	這種想法合理嗎？是什麼讓我認為自己應該得到不同的結果？
跳至結論	儘管只有些微的證據能夠支持這論點，還是能確定某種情況的意義	「她已經兩天沒發訊息給我了；我知道她是有意躲我……」	「老闆說今天會找時間和我談談……我知道自己會因為上週生病而被解僱。」	或許會有另一種解釋？我有什麼證據？
以偏概全	基於單一的情況就妄下定論或全盤相信	「既然我被她拒絕了，那我就再也不要靠近任何我感興趣的女人，因為我顯然是不可愛的。」	「在雜貨店裡不戴口罩的，就是不關心他人的福祉。」	這是一個公平的全面性評估嗎？

讀心術	假設別人知道你在想什麼，或者你知道別人在想什麼，儘管沒有直接的交流	「她應該知道我對她有興趣，這應該不需要說出來。」	「我的朋友應該知道我不喜歡在室內用餐，所以在她預訂晚餐前，我不需要告訴她。」	我溝通清楚了嗎？我錯過關鍵訊息了嗎？
情緒性推理	在沒有證據的情況下就推斷我們的感受是真實的	「當我看到我的新伴侶和其他男人交談時，我感到嫉妒……她一定是在騙我，不然我為何會有這種感覺？」	「當看到有人不在室內場所戴口罩時，我感到很憤怒。我只知道他們不尊重任何人，他們一定不認識任何死於這種病毒的人。」	我的感受是否準確地反映了事實的真相？
向外尋求幸福	讓外部的因素成為我們幸福的最終仲裁者	「除非我對女性有吸引力，否則我的生活不會快樂。」	「在我的孩子們回到學校之前，我沒辦法快樂。」	在這一刻，我如何依靠內心的自我來獲得幸福？

情況：簡單描述導致你不愉快的情緒、行為或生理反應之事件。

自動化思考：伴隨著這種情緒，你會想到什麼？

認知扭曲：每個自動化思考中都存在哪些認知扭曲？

後果：具體說明你在事件發生後，經歷的情緒、行為和生理反應。

理性、自我疼惜的反應：怎樣才能更理性、更務實地看待這種情況？考慮一下，你會對與你處境相同的好朋友說什麼。

結果：在你留意並質疑認知扭曲後，具體說明你正在經歷的情緒、行為和生理反應。現在感覺如何？

打破冒名頂替者的循環

我們之中的許多人往往會成為一種稱為冒名頂替現象（IP-Imposter Phenomenon）認知陷阱的受害者，它指的是懷疑、恐懼、憂慮和羞恥情緒，這些情緒會導致我們貶低自己的能力和成功的價值。心理學家寶琳・蘿絲・克蘭斯（Pauline Rose Clance）和蘇珊娜・艾姆斯（Suzanne Imes）於一九七〇年代首次描述這種現象。當克蘭斯還是名研究生時，她總是擔心自己即使準備充分，還是會在考試中失敗。當她的朋友們厭倦這些看似荒謬的恐懼時，她覺得有必要將這些自暴自棄的情緒藏在心底[24]。後來她在一所文理學院擔任輔導員時，克蘭斯注意到即使是成績最好的學生，尤其是女生，普遍存在著一種「自卑感」，並且害怕被才華橫溢、成就卓著的同齡人發現，自己其實是位冒名頂替者[25]。雖然這種現象最早是出現在職業女性身上，但是後來在不同性別和文化群體中都出現過[26]。如果你有過這種感覺，那你並不孤單；儘管不同研究的估值因人群和方法而有很大的差異，但是高達82%的樣本都有過冒名頂替者症候群[27]。

有趣的是，史考特和他的同事們發現了冒名頂替和脆弱自戀間存在著特別明顯的關聯性[28]。但這並不表示你若經歷過冒名頂替綜合症，也可能會在自戀中有很高的得分。然而，這確實意謂著，如果你對於易受傷害的自戀評量表上的

項目有著強烈的認同感，或許更有可能患有冒名頂替綜合症。對於這些人來說，他們並不一定覺得自己是騙子，而是採取一種自我展示的策略，以此來保護自己免於受到被拒絕的潛在痛苦[29]。通過告訴別人他們覺得自己是個冒牌貨，可以調整別人的期望值，如果沒有成功，也不會感到那麼羞恥。然而，最終這種方法可能會阻礙成長。因此，本章節中的練習能夠幫助任何人，甚至包括那些自戀且易受傷害的冒名頂替者。

　　請完整的閱讀下面根據克蘭斯冒名頂替現象評量表所改編的敘述，大致了解自己的冒名頂替傾向[30]。

❏ 當人們因為我取得的成就而稱讚我時，我害怕自己將來無法達到他們的期望

❏ 有時我認為自己之所以獲得現在的職位或成就，是因為我碰巧在正確的時間出現在正確的地方，只是因為我認識了正確的人，或是某種陰錯陽差，或只是因為某種外部因素，造就了今天的我。

❏ 當我沒有盡力而為時，往往會傾向於回想起那些我已經盡力而為的事。

❏ 有時我害怕別人會發現我的無知和無能。

❏ 我經常拿自己與周邊的人進行比較，並認為他們可能比我更聰明。

　　自從克蘭斯首次撰寫有關該主題的文章以來，冒名頂替者現象已被廣泛討論和研究。它被認為是與完美主義、取悅他人的強烈需求、缺乏支持和情感表達[31]，以及高度控制[32]、憤怒和衝突程度較高的家庭環境共同發展而來[33]。這種早期的生活動態透過在青春期和成年後的成就社會化過程中得到強化。這種現象已被證實會導致心理困擾，包括焦慮和抑鬱[34]，並與不確定的自尊及前述的脆弱自戀有關[35]。

　　其核心特徵包括克蘭斯所稱的「冒失鬼迴圈」，當接到與我們的成就有關的任務時（如求職面試、工作中的重要任務、撰寫本書），冒失鬼迴圈就開始了。這樣的要求可能會揭露潛在的焦慮、對失敗的恐懼和自我懷疑（「我是否有資格做這件事？」），而這可能會導致患者走向兩條路徑的其中一條：過度準備或拖延。當任務最終完成時——也許我們得到了這份工作、進行了大型的簡報會議，或者交出了手稿——我們會感到如釋重負，儘管只是暫時的。對於那些選擇過度準備路線的人來說（喬丁承認她是這類型的），我們會把成功歸功於努力（「我只是拚命工作……只要努力，誰都能做到！」）。對於那些選擇拖延模式的人來說，當時鐘開始滴答作響時，我們就會瘋狂的準備（咳咳，史考特），我們可能會把積極結果歸因於運氣或外在力量。

　　這種輕視自身能力、將成功歸因於努力或運氣的習慣，強化了自我懷疑的程度，以及單靠努力取得的成就並不能反

映真正能力的核心信念。當我們將來面對以成就為導向的任
務時，這些信念充滿了欺詐感（「他們什麼時候會發現我是
個騙子？」）和高度的焦慮[36]。下圖總結了這種「冒名頂替
迴圈」[37]。

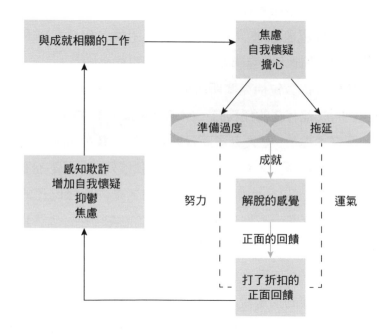

對於我們之中的一些人來說，當意識到自己相較於他
人，可能並不像我們曾經認為的那樣出類拔萃時，冒名頂替
者現象就會被觸發。例如，當我們透過教育，從初中、高
中、大學，甚至研究所或工作場域，可能會發現其他人有多
麼優秀，因此不再認為自己有多特別。對於我們這些有冒名

頂替者傾向的人來說，當我們被這些傑出人士包圍時，感受到的可能不是敬畏或崇拜，而是對自己能力的不安全感。與其說冒名頂替是一種虛假謙虛的表現，不如說是一種對失敗或不配的真正恐懼，一種真正難以內化自我的善良和價值的恐懼。

有趣的是，即使是最有成就的專家也會有這種感覺；事實上，成就卓越的人和被邊緣化的群體，他們在許多情況下，不得不付出更多努力才能取得成功——更有可能覺得自己是冒名頂替者。那麼我們該怎麼辦呢？我們該如何打破這種令人沮喪的冒名頂替者循環？

也許要治癒我們的「冒名頂替症」，就必須擁有它：識別它並為它命名，擁抱我們的「初學者心態」，從我們不知道的事情中尋找力量和機會、尋求幫助，並反思我們所獲得的結果如何準確地反映自己的能力。

讓我們打破冒名頂替者的循環。

練習

1. 花點時間思考，冒名頂替症候群是如何出現在你生活中的。試想你最近可能陷入「冒名頂替者循環」的情況。

   ● 我上一次覺得自己像個冒牌貨是什麼時候？當我陷入這種循環時，會產生哪些想法、情緒、行為和身體感覺？

- 我更傾向於拖延模式還是過度準備模式？我有其他模式的行為嗎？
- 這些冒名頂替者的感覺，在哪些方面阻礙了我實現自己的目標？
- 自我身分的各個面向（性別、種族、族裔、職業或家庭角色等）如何與這個冒名頂替者的感覺交織在一起？
- 當我實現目標時感覺如何？多大程度上我將成功歸功於外部因素或辛勤工作，而非自己的能力？

2. 現在想像一下，你的一密友向你透露，他們覺得你像個冒牌貨。他們感受到了你所感受的一切。
- 我該如何安慰和安撫他們？我該說些什麼？
- 我該如何幫助他們堅定地為自己和自己的能力辯護？
- 我怎樣才能將這些情緒轉向自己？換句話說，我怎樣才能做到自我疼惜，從而打斷生活中冒名頂替者的循環？

3. 現在想想，在某種程度上懷疑自己的能力，可能藉此防止我們的狂妄自大和過度自信。
- 我如何能夠接受自己的「初學者心態」，或是說缺乏經驗和專業知識的想法，可以幫助我更清晰、更開放、更靈活地看待問題，而不帶先入為主的觀念或偏見？
- 我如何利用初學者的思維，在未來發揮優勢？將來有沒

有人可以幫助我成為一個更好的學習者，並填補自己的知識空白，以阻止冒名頂替者的循環？

4. 最後，讓你認識的人中最聰明的一個進入腦海，你認為他是你熱中的某個話題或該領域的專家。想像這個人小時候的樣子，想像他們成為今天的自己和專家。這種演變是如何發生的？你認為他們懷疑過自己的能力嗎？努力或環境對他們的成功起到了怎樣的作用？

考慮聯繫此人，並向他們詢問一些問題。他們有沒有覺得自己像個騙子？當你踏上打破這個循環的旅程時，他們對你有什麼建議？

擺脫完美主義的思維

這是一本關於持續成長的書籍，而不是關於完美或能立竿見影「破解」成長的祕笈。然而，在尋求發展自我並從逆境中成長的過程中，我們很容易掉進一個陷阱：認為自己必須完美地成長，認為這是一個不成功便成仁的過程，要麼成功，要麼失敗。然而，事實遠非如此。事實上，失敗是成長必不可少的一部分，請記住：人生不是電玩遊戲。我們永遠不會在到達一個「關卡」時，聽到上面的聲音說：「恭喜，

你已經解鎖了人生的下一個關卡！」人生往往是一個向前兩步、向後一步的過程。在這個過程中，錯誤，甚至是失敗，都是不可或缺的一部分[38]。

失敗是成長的重要組成部分。

也許你一開始拿起這本書，是因為你相信自己可以成為一個「更好的人」、你應該對自己的生活有更好的感覺，或者你相信只要自己更加努力、更加勤奮或取得更大的成就，你的生活就會在某種程度上發生根本性的改變。其中一些想法可能揭示了你潛在的完美主義傾向。

下面一些問題也可以梳理出這種傾向：

- 我是對盡我所能感到滿意？還是對不夠完美感到失望？
- 我是否對自己有極高的標準？當我達不到這些標準時，會自我批判並感到沮喪？
- 我對別人有非常高的標準？
- 我是因為害怕失敗才去努力，還是因為對目標真正有興趣才去努力？
- 我更在乎目標的結果，還是更關心努力的過程？
- 我是否傾向於過度關心自己的表現，而忽略了自己正在做的事？

　　完美主義往往會以犧牲自己的脆弱和深度參與為代價，而我們自己的某些部分才是真正的進步（在下一章中，我們將幫助你探索和擁抱自己的「陰暗」面）。落入完美主義陷阱的人往往會高估成就感，以犧牲滿足感為代價，不斷追求「變得更好」，並對自己和他人設定過高、甚至不切實際的期望。這種傾向通常是由外部壓力（他人的期望，如我們的父母、我們的教育環境、我們的老闆）所驅動的，然後被我們自己避免失敗、避免一文不值和避免自我懷疑的內在欲望所強化。

　　現今社交媒體是另一個強大的驅動力。在社交媒體上，人們的標準是展示一個完美的形象（每個人看起來都像迪士尼公主，擁有完美的身材，而完美的手中拿著一杯完美的雞尾酒！）。社交媒體上無處不在的完美表象無疑扭曲了我們的現實，讓我們這些凡夫俗子心想，「如果每個人都如此完美，那我有什麼問題？」

　　完美主義陷阱會讓我們感到筋疲力盡、孤立無援，並對自己和他人持續感到不滿。無論我們所遵循的高標準的確切來源是什麼，成功和失敗的定義通常伴隨著可預測的獎勵或懲罰循環。如下圖所示（喬丁與她的摯友兼合作者，精神病學家安妮・哈特〔Annie Hart〕博士一起開發的），當我們沒有達到不切實際的期望時，可能會認為自己好無價值，並感到羞愧、焦慮和對存在的失望。這個陷阱會讓我們對建設性

的批評採取防禦性態度，拖延時間，逃避挑戰，進而降低工作效率。諷刺的是，它甚至可能導致我們進入補償模式，對自己的未來設定更高的期望。

在我們確實達到了不切實際的期望時，這可能會極大地增強我們的自信心。這種認可在短時間內或許會帶給我們脆弱的自豪感，之後卻會進一步強化對失敗的恐懼。我們可能因此更加努力地工作，繼續追求完美，但卻要付出自我價值和幸福的代價。這種表面上的成功讓我們走上了所謂「到時候我就會很幸福……」綜合症的道路——認為只要達到下一個目標、獲得晉升或取得更大成功就會快樂的難以捉摸現象。

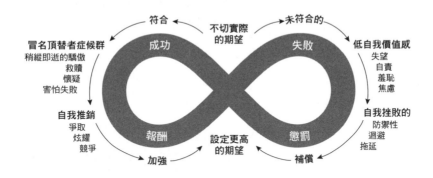

這個練習是要質疑我們給自己施加的壓力和從他人那裡接受的壓力，即要求我們做到完美，並滿足於「我正在努力啊；錯誤是難免的」，這樣我們就能將失敗和成功的概念與誠實的成長和成就感區分開來。

練習

1. 花些時間靜靜地思考下面的提示。廣泛的思考生活的各領域（個人、專業、社交等）。

   - 其他人現在對我有哪些期望（未說出口的或明確的）？

     * 這些期望有多真實？別人是如何期望我做到完美的？

   - 我現在對自己有哪些期望？換句話說，你是否告訴自己應該經常做的事？

     * 這些期望有多現實？我可能在哪些方面有意無意地期望自己是「完美的」？

   - 誰對我有更嚴苛或更高的期望？別人還是自己？別人的期望如何影響我對自己的期望？追求完美的壓力對我的表現有什麼影響？我必須達到如此高的標準是什麼樣的感覺？情感上我要付出什麼代價？行為上我要付出什麼代價？精力上我要付出什麼代價？我的自我價值感為何？

2. 思考完這些問題後，回顧下面哈特博士所開發的打破完美主義循環的技巧：

   識別完美主義思維。

   - **如果／那麼：** 如果我做到「完美」，那麼我將會_____

_____（快樂、被愛、被接受、足夠好、被欣賞等）。

- 比較：我是如何用不切實際的標準來要求自己的？我在和誰比較？我是否發現自己在問「為什麼我做的不如其他人好？」。

- 自我判斷：我對自己的能力有哪些自我批評的想法？開始注意並標記判斷和消極自我的對話。

調整期望。

- 將自我評價從結果（即我已經完成或未完成的事情）轉向過程（即我一路上可能經歷的學習和成長）。

- 為自己設定健康的界限：不要認為你必須做所有的事情，想想你真正想要什麼，而不是你認為你應該想要什麼。

- 設定可實現的目標，並獎勵自己實現這些目標——如果第一個目標不切實際，允許自己設定一個新目標或「重新設定目標」。無需完全放棄自己的努力。

如果犯了錯！就接受它並擁抱它。

- 擁抱嘗試錯誤的過程！錯誤是成長的一個重要部分，它們可以成為我們最好的老師和經驗教訓。請記住，完成一項任務並沒有所謂唯一「正確」的方法。

記住自我疼惜。

● 人性皆同：你可能會接受人無完人的觀點。如何才能像對待他人一樣，認識並接受自己的人性？

● 善待自己：如何用善意和耐心取代自我評判，像對待摯友般對待自己，與自己交談？

● 正念：如何跳脫自我，和自己的經驗相處，而不是陷入獎懲的完美主義陷阱？

3. 制定靈活標準，而不是硬性規定：

　　想想上一次你覺得自己在某件事情上「失敗」了是什麼時候？發生了什麼？是什麼讓你覺得自己失敗了？是你為自己設定的（或其他人為你設定）期望值沒有達到嗎？結果是什麼？有獎勵或懲罰嗎？

_____

_____

_____

　　確認期望：

　　如果_____，則_____

_____。

現在以彈性的標準重新寫下你的期望：

_____

_____

_____

注意：屏棄完美，採用更靈活的標準，並不意謂著滿足於平庸。相反的，這意謂著將更多的關注點從結果到過程、從怎麼做轉移到做什麼，讓我們在失敗中學習和成長。

第四章

探索

　　克服內心深處的恐懼，不讓它們阻礙我們朝著理想的人生方向前進，是自我實現的重要一步。但這只是旅程的一部分。安全感的基礎是安全，成長的基礎是探索。用帆船來做比喻，我們可以確保船是安全且穩定的，但除非我們將風帆完全打開，並且在不可避免的風浪中駛入廣闊未知的大海，否則我們不太可能充分發揮自己的能力。

　　探索的需求——探求和理解世界的欲望，無論是新奇、挑戰或不確定性，都是人類經驗中不可或缺的一部分[1]。這種需求有許多不同的表現形式，包括了解他人和向他人學習、掌握新奇或複雜的探險經歷、從創傷和挑戰中獲得意義，以及利用想像力、求知欲和創造性思維來探索自己的內心深處。

　　你可以透過心理學家陶德・卡什丹（Todd Kashdan）及

其同事所設計的量表，根據以下五項陳述，來衡量自己的探索需求。

探索評量表[2]

❑ 我將挑戰視為成長和學習的機會。

❑ 我一直在尋找能夠挑戰我對自己和世界看法的經歷。

❑ 我在尋找可能需要深入思考的情境。

❑ 我喜歡學習自己不熟悉的學科。

❑ 我發現了解新資訊很有吸引力。

　　卡什丹和同事發現，在探索需求上得分較高的人，往往具有較高的「壓力耐受性」，即願意接受新的、複雜的、神祕的、意想不到的和晦澀難懂事件所帶來的內在焦慮。壓力耐受性與幸福感、生活意義、自主性、親和力和積極情緒的存在密切相關。它也是真正超越舒適圈限制的必要條件。

　　在本章的其他部分，我們將跨越舒適圈的界限，探索自身的整體性（甚至是「最黑暗」的部分），並通過社會探索、意義建構、幽默和創造力，來解構我們與周遭世界間所設置的一些防禦。

擴展你的舒適圈

我的舒適圈就像包圍著我的一個小泡泡，我把它推向不同的方向，讓它變得越來越大，直到這些看似完全瘋狂的目標，最終成為可能。

——艾力克斯・霍諾德（Alex Honnold），

世界知名徒手攀岩家

　　為了自身成長和探索的需要，我們中的許多人可能會從擴大舒適圈的界限中受益。擁有舒適圈本質上並非壞事，尤其是現代社會，即使是日常生活中一些最基本的活動——去健身房、工作或去雜貨店，甚至與朋友交往——都已經變成了安全與威脅的真正問題。

　　然而，當我們把自己限制在心理舒適圈時，可能會形成一種模式，迴避那些可能會帶來不良的內部身體狀態、情緒、想法、記憶或行為。因此，我們可能無法全身心地投入生活、無法體驗人類經歷中的關鍵部分。心理學家、接納與承諾療法（ACT, Acceptance and Commitment Therapy）之父史蒂文・海耶斯（Steven Hayes）博士將這種迴避不良情緒的現象，稱為「體驗迴避」[3]。而學會管理體驗性迴避是現代行為療法的核心主題，包括ACT、辯證行為療法（DBT）、

認知行為療法（CBT）等。事實上，體驗迴避是探索的一大障礙，學會管理它是現代行為療法的核心主題，包括接受與承諾療法、辯證行為療法（DBT, Dialectical Behavioral Therapy）、認知行為療法（CBT, Cognitive Behavioral Therapy）等。

海耶斯所說的「心理彈性」是消除逃避行為的解藥，它是一種以開放和不做判斷的態度來接納不適及因特定情況而產生的內心體驗過程。我們每個人都能培養出一種能力，無論當下發生什麼，都能坦然面對，不做無謂的辯解，並根據具體情況，堅持或改變自己的行為，以追求我們的最高價值和目標[4]。

心理彈性與正念密切相關。專家科瑞．穆斯卡拉（Cory Muscara）將正念定義為以好奇[5]、開放、不加判斷的方式與我們經驗共處的過程。研究顯示，正念和心理彈性兩者結合，可以獨特地預測長期功能和生活品質，即使是在最嚴重的創傷之後[6]。

那麼，我們如何才能培養和造就與生俱來的探索能力、增強的壓力承受能力和心理彈性，並有意識地擴大舒適圈的範圍（甚至超越舒適圈）呢？一般而言，我們可以練習接受而不是去迴避壓力狀態，練習傾聽潛在不舒服的內在體驗，並接受出現的任何情緒、想法和身體感覺。

然後，當不適感無可避免地出現時，我們不要試圖去減

少或對抗負面體驗，而是練習與它們共處，帶著好奇心去體驗，並將個人價值觀和目標做為指導我們如何行動的指南針。

練習

1. 花點時間思考一下，當想到自己心理舒適圈的界限時，你會想到什麼？你甚至可以畫出自己的舒適圈，並填上此時此刻哪些事屬於舒適圈的範圍、哪些事不屬於舒適圈的範圍。

2. 思考下面的問題：
   - 近來，在疫情期間及生活的其他方面，我的舒適圈界限是如何幫助我感到安全和保障？
   - 我採取了哪些措施來保護我的舒適圈？
   - 當我處於舒適圈時，感受到的主要情緒是什麼？當我處

　　於舒適圈時，身體會有什麼感覺？當我想留在自己的舒適圈時，會有哪些想法？

- 當我想到要走出舒適圈時，會產生哪些情緒、身體感覺和想法？
  - 心理彈性和壓力耐受度的提示：我應該如何迎接這些潛在不舒服或困難的感覺，並且還能不加評判地與它們在一起？
- 我的一生中，舒適圈的範圍發生了怎樣的變化？舒適圈在哪些方面隨著我的人生經歷擴大或縮小？

3. 思考完這些問題後，考慮讓自己去體驗做一些感覺不舒服的事情，讓自己跳出目前的心理舒適圈。請不要選擇任何客觀上不安全的事情，也不要在沒有訓練有素的心理健康專業人員指導的情況下，獨自進入一個充滿未經處理創傷的地區。

　　思考以下想法，幫助你開始行動。當你閱讀我們的建議時，有價值的競爭者最初可能會給你帶來一些懷疑、甚至焦慮感，而且感覺有點牽強、但並非完全不可能。

- 著手了解一個你目前不知道或仍抱持懷疑態度的新主題。

- 就你抱持堅定觀點且具挑戰性的話題展開對話，邀請持不同觀點的人，包括那些反對你的人（並發誓要傾聽、*真的傾聽*和學習新事物）。
- 計畫一次旅行，去一個你完全不熟悉的新地方，然後花時間了解這個地方的風俗和文化。
- 在公共場所與陌生人交談。
- 對朋友向你提出的即興想法說「好」。
- 遠離科技！拔掉所有電子設備的插頭，包括手機和所有通訊程式，一整天都不要使用（從十二個小時開始，然後慢慢延長至二十四小時！）。

如果你比較內向……

- 聯繫你一直想與之建立聯繫卻找藉口不聯繫的人。
- 約某人出去約會（無論是朋友約會還是浪漫約會）。
- 舉辦晚宴，將不同行業的朋友聚在一起。
- 參加社區活動，如藝術展覽或健身課程。與新朋友搭訕。

如果你更傾向於社交和外向……

- 一個人出去吃飯、看電影或表演！

- 一人獨處的週末。
- 計畫一個人的假期，隻身前往一個新地方旅行。

　　無論你選擇什麼，目標都應該是嘗試新事物：擴大你目前感到舒適的範圍。在完成這項活動時，讓自己專注於所有的感覺，不過你有時可能會感到不舒適。試著去理解你目前所體驗到的身體感覺，以及可以做些什麼來迎接，而不是壓抑或試圖減少不愉快的感覺，如困惑、恐懼和焦慮。

4. 完成活動後，思考下面的問題：

- 什麼事情我進行的最順利？
- 體驗中最具挑戰性的部分是什麼？
- 如果有的話，我從中學到什麼？
- 突破現有舒適圈的界限會如何影響我對未來的能力、可能性和成長的認識？

　　不要止步於此──當你在日常生活中穿越舒適圈的邊界時，繼續練習接受和面對你全部的體驗。有意識地跨越這些界限，並與自己進行交流，以確定舒適圈的界限是如何隨著時間的推移而發生變化的。

保持社交好奇心

這項成長挑戰是要培養社交好奇心，以了解生活中人們的真實自我，而不是我們希望他們成為的樣貌。

練習

1. 在生活中選擇一個能與你一起練習社交好奇心的人。他可以是你非常熟悉的人，也可以是剛認識的新朋友（這當然可以在「現實生活」或透過電子方式完成）。下次與這個人接觸時，試著了解或注意一些有關他的事情。一開始，你可以巧妙地多留意他們的表情、微笑和聲音等。

2. 當你感到自在時，可以開始提問，來表現你對他的興趣。一定要根據你的判斷來決定什麼時候較適合表現出這種好奇心，並準備好回應對方，同時讓對方也提出問題。以下是一些提問建議（可參閱第二章中的「**閒聊深談**」問題）。

   - 你認為完美的一天該是什麼樣的？
   - 如果你可以和世界上任何人（無論生死）吃一頓飯，那人是誰？為什麼？
   - 別人會說你最大的優點是什麼，為何？
   - 你最大的恐懼的是什麼？

- 你近期的夢想是什麼？對於遙遠的未來呢？
- 你認為自己在未來五年或十年的發展方向是什麼？

3. 反思一下你與這個人的交往品質如何。

4. 寫一篇你追求社交好奇心的經歷、練習結果及可能學到的任何事情的書面反思。

探索你的黑暗面

我自相矛盾嗎？很好，那我就是自相矛盾，（我是博大寬廣，我包羅萬象）。

——華特・惠特曼（Walt Whitman），

《自我之歌》（*Song of Myself*）

　　人性和人心是如此複雜。在我們每個人的內心深處，都不只是一個單一的自我，而是各種衝動、情感、角色和驅動力所組成的，有時甚至是相互衝突的。偉大的人文主義心理治療師羅洛‧梅（Rollo May）認為，幾乎所有人「都是邪惡與善良潛力的統合體」[7]。整合我們自身的這些部分可以帶來巨大的創造力和成長，而完全解體則可能導致毀滅——對自己和他人都是如此。

　　另一位偉大的人文主義心理治療師卡爾‧羅傑斯（Carl Rogers）寫道，他的患者普遍擔心如果他們過於接受自己的「陰暗面」，並傾向於自己以前未知或被壓抑的一面，那麼治療就會「釋放他們內心的野獸」[8]。然而，羅傑斯發現事實恰好相反：完全開放的自我分析和自我探索，使人們能夠在尊重自己內心的光明面和黑暗面之間取得更富成效的平衡。羅傑斯認為，只有當我們否認自己所經歷過的各個方面時，才有理由害怕它們。因此，只有當一個人經歷過各種酸甜苦辣後，無論是好的、壞的、醜的、美的，以一種建設性的和諧運作時，才能成為一個完整的人或「完全發揮作用」的人[9]。

　　例如，內疚、憤怒或尷尬等情緒一旦得到承認，就會成為一種情感線索，讓我們發現悔改、解決衝突或下次學習以不同方式行事時，找到有用的訊息[10]。焦慮的體驗可能會讓我們的身心感到非常痛苦；但也可能只是被視為一種線索，表明在某程度上感受到威脅，而我們可以接受並「感謝」焦

慮，因為它警告我們潛在的危險（無論這些危險是真實的，還是想像的）。重點是，與其把這些不愉快的經驗推到我們的意識層下、把它們藏進床底的一個盒子裡（隱喻的說），不如歡迎它們坐在我們熟悉的餐桌旁，感謝它們為了確保我們的生存所做的努力，然後告訴它們，「我現在其實並不需要你。」只有當我們選擇接受，而不是壓抑生活中的這些經歷時，才能對它們做出充分回應和整合。

同樣的，生活中的一些特徵有時會讓我們感覺像是「傷疤」，比如與身體或精神疾病做鬥爭、懷有某種不安全感或經歷過悲劇和創傷，如果我們承認並歡迎這些特徵融入生活，隨著時間的推移，它們就會成為力量、人際關係和成長的源泉。即使是最具災難性的生活事件，如失去親人或工作，或其他形式的個人與群體逆境，都可以成為成長的催化劑，例如，重新認識生活，與他人建立更緊密的聯繫，或重新找回靈性的感覺[11]。

有趣的是，這條成長之路並沒有自動導航，一路上往往需要花費大量心思去處理和經歷痛苦。這也是我們需要展開雙臂去迎接的。最終，我們也需要敞開心扉，直接面對可能伴隨這些情緒而來的敵意、侵略和憤怒。當我們有意識地壓抑或無意識地阻止自己最陰暗的想法時，這些想法就會像火山一樣，在我們毫無準備的情況下「爆發」，往往會帶來嚴重後果[12]。

　　這個練習包括安全地重新體驗和面對自己的一些陰暗情緒、衝動和負面經驗，並有意釋放它們可能釋放出的成長潛能。

練習

1. 花些時間在一個安靜的地方，思考「陰暗面」對你意謂著什麼。你可以使用下面的一些或全部問題來引導自己：

   - 當想到自己的陰暗面時，你會想到什麼？
   - 如果有的話，我對自己的哪些部分諱莫如深、對他人遮遮掩掩，或是傾向於希望可以把它們藏在床底下的盒子裡？
   - 生活中，如果有的話，哪些情況會持續帶來不舒服的情緒（如內疚、憤怒、悲傷、孤獨、沮喪）？
   - 個人認為最可能讓我糾結的「傷疤」是什麼？

　　當然，你可以根據自己的意願，多次重複這個練習，但首先要從你陰暗面中選擇一個維度開始。也許可從一些對你來說還不是太具體或敏感的東西開始，讓你可以輕鬆參與而不至於崩潰。

2. 真正面對你的黑暗面。融入這種情緒、經歷、狀況或傷

疤。與它共坐片刻，將其吸入你的身體。向你的陰暗面說
「歡迎」，並想像你正在邀請這部分的自己同桌。（如果對
你有幫助，可以考慮給自己的這一部分取個名字，幫助它
人格化和人性化。讓它成為一個親切而非貶抑的名字。）

3. 反思讓我們的陰暗面進到內心的感覺——願意讓它在選擇
   的時間裡進到我們心中。

   - 打開心門去面對自己的這一部分，感覺如何？
   - 我怎樣才能給自己的這一部分溫柔與關懷？對自己的這
     一部分，我可以說些什麼？
   - 我的陰暗面如何強化了我？
   - 我的這一部分如何幫助我與他人建立更深的連結？

4. 現在，我該如何為自己的這一部分設定一個健康的界限？
   我怎樣才能在適當的環境以適當的比例邀請這部分的自己
   進入我的生活（比如邀請它週二吃午餐時進到我的心中，
   而不是長時間、無限制的逗留，或將其完全驅逐出去）？

　　下次當你想壓抑自己的這一部分時，也許可以在計畫好
的時間內歡迎它的到來，讓它待個幾分鐘，然後釋放它，繼
續前進。

擁抱創傷後的成長

在創傷後促進成長的一個核心特徵是，將「侵入性反芻」（通常是在不恰當的時間和環境下，被經歷過的負面想法淹沒）轉變為「刻意反芻」。刻意反芻是指我們有意識地、自願地選擇何時、以何種方式、有條不紊地、深思熟慮地處理困難經歷的細節。那麼，我們如何將不愉快的、干擾性的反芻（如噩夢、「白日夢」或令人不安的歷歷往事），重新構建成為我們能夠按照自己意願、正面參與的內容呢？

首先，我們可以將挑戰過程記錄下來，與自己的內心對話和敘述進行交流。實際上，整本書就是為了這點而寫的！我們還可以與他人、朋友、知己或專業諮詢師、治療師談論這些經歷。就像在前面的練習中練習的那樣，我們也可以擠出特定的時間來寫作、思考和談論這些挑戰，為它們創造一個半透水的容器，同時又不會將它們完全拒之門外。是的，我們可以在每天的行程中安排憂慮時間！重要的是，還可以明確地反思那些已經為我們敞開的大門，以及那些未來可能為我們敞開的大門，所以不要用消極的態度看待這些挑戰，因為是我們的逆境創造了這樣的機會。

練習

1. 想想在過去的某段時間裡，個人面對過的重大損失與逆境。首先，寫下並反思因為那次逆境或損失而關閉的大門。
   - 我失去了什麼？
   - 當時的感覺如何？
   - 現在感覺如何？

2. 接下來，寫出在經歷了那次逆境或損失之後，有哪些潛在的機會向你敞開大門。雖然你永遠也不想要發生這種逆境或損失，但現今的生活中，你從中得到了哪些可能被視為積極的東西？
   - 是否有任何新的行為、思維或與他人或自我的相處方式變得更容易接受？
   - 如果有的話，從這次的經驗中學到了什麼，並對我今後的生活有所啟發？

3. 如果這些經歷與你相關，思考一下現在對你來說仍然極重大的逆境或損失。
   - 這種逆境現在以什麼方式出現在我的生活中？它如何闖入我的生活，或是在不知不覺中突然發生？

- 我是如何刻意地解決這個問題,並採取措施來處理這種經歷?如果這些措施有效,我該如何才能做得更多呢?如果這些步驟對我無效,那我還能做些什麼?

- 我從過去的失落或逆境經驗中學到什麼,可以幫助處理這種經歷?

- 一年後這種經歷會是什麼感覺?那五年後呢?

擁抱荒謬

幽默是我們可以用來探索和應對這個黑暗荒謬的世界、並與他人建立連結的最偉大工具之一。事實上,喬治·維蘭特(George Vaillant)在哈佛大學進行了一項長達七十五年的著名研究《哈佛教你幸福一輩子》(*Happier Life from the Landmark Harvard Study of Adult Development*),他發現我們使用幽默的能力,與更好的成長、對生活的健康適應、積極的心理健康、溫暖的人際關係和成功的事業有關,特別是以善意為出發點、而不是以犧牲他人的利益為代價的時候[13]。他說:「幽默,是人類真正優雅的防禦手段之一……幽默的能力,就像希望一樣,是人類應對潘朵拉魔盒困境最有效的解藥之一[14]。」的確,良好的幽默感是非常值得認真對待!

幽默不僅僅是保護我們免受世俗煩惱的一種防禦手段,它還是一種超然的人格力量、一種積極的情感、一種在工作

場域與學校中健康和高效的的成分，也是正面人際關係的強大驅動力。研究顯示，幽默有助於培養正面的學習環境和師生關係，並可助於學齡兒童學習複雜概念且牢記在心[15]。幽默也是提高心理治療患者改變態度和行為意願的有力工具[16]。更不用說，幽默是一種極具社交吸引力的特質，在交友和選擇伴侶時經常被優先考慮[17]！

雖然幽默可以有很多種定義，心理學文獻中也沒有一個統一的定義，但是我們認為幽默是一種能欣賞和享受生活特質、能讓自己和他人發笑的能力，以及能看到原本令人痛苦的情況中也有好笑一面的能力。

這個簡單的練習，就是要明確培養我們的幽默感，尋找並接受日常生活中滑稽的、荒謬的、有趣的和好笑的事物。研究人員發現，進行這種練習的人，在一個月和三個月後體驗到幸福感的提升，而抑鬱的症狀也在六個月後得到改善[18]。

練習

1. 連續七天，每天晚上花點時間寫下你在白天遇到的三件有趣事情。你可以寫下一天中你大笑的次數、你可能聽到的一個笑話、你看到的一段有趣影片、一次特別愉快的互動，或是你自嘲或在壓力下尋求幽默的例子。

   寫下每次經歷時的感受。這些時刻是如何塑造你一天

的基調？你是否與他人分享了這些時刻？回想一下這些細節。

　　如果你與生活中的其他人一起完成這項練習，會有額外的加分。考慮分享你一件有趣的事情，傳播幽默！（請記住，有時候當你說到有趣的事，真的必須與聽眾分享！）

2. 經過一週的練習後，看看你的感受如何。哪種類型的幽默情景出現最多？你是否開始會隨時留意一天中所發生幽默或荒謬的事情？考慮在一週後繼續這種練習。

3. 思考如何將幽默融入你日常生活中。例如，如何與親人共進晚餐時或工作會議開始時分享幽默的時刻？

敞開你的心扉

創造力源自於非理性……科學和教育過於抽象、口頭化和書呆子氣，沒有足夠的空間來進行原始的、具體的、審美的體驗，尤其是自己內心的主觀感受。

　　　　——亞伯拉罕‧馬斯洛，《走向存在的心理學》

　　　　　　　　　（*Toward a Psychology of Being*）

　　正如我們已經深入探索的幾個面向，包括了解他人和向他人學習、開始冒險以擴大我們的舒適圈、擁抱人類全部的經歷、從創傷和挑戰中獲得意義，以及發揮我們的幽默感，並深入了解我們的求知欲和創造力。在一個人可能具有的人格特質中，與創造力連結最緊密的特質是對於體驗的開放性[19]。體驗的開放性可被認為是對自身經驗進行認知探索的動力。查看體驗的開放性評量表，看看你對心理學家發現的每一種認知探索形式的認同程度：

體驗的開放性評量表

❏ 我對藝術、音樂或文學很著迷。

❏ 我在別人沒注意到的事物中看到了美。

❏ 我喜歡天馬行空地想像。

❏ 有時當我沉浸在大自然或藝術中時，感覺整個意識都像被暫時改變了。

❏ 當我有強烈的情感體驗時，這種影響會伴隨我很長時間。

❏ 我經常失去對時間和周圍環境的感知。

❏ 我經常會對自己的創造產生一種「親近感」，一種超乎尋常的情感連結。

❏ 我對許多不同事物都充滿好奇。

❏ 我富有創造力，能找到巧妙的方法做事。

❑我有獨創性，總是能提出新點子。

❑我喜歡智力挑戰。

❑我喜歡追根究柢。

❑我討厭知其然而不知其所以然。

　　總之，體驗的開放性領域的豐富內容，為創造性思維和創造性行為提供了種子。雖然不是每個人都有成為達文西的能力、意願或資源，但我們都具備有創造力基因[20]。創造力就像肌肉：你不使用，就會失去。而激發創造力最好的方法是養成開放習慣，並將其做為你的預設存在方式，然後不斷重複。為了幫助你做到這一點，請思考下面的敘述：

● 我上一次從事創造性活動是什麼時候？

● 我上一次為自己留出空間，只為自己的希望和願望所做的白日夢是什麼時候？

　　已故「白日夢之父」的心理學家傑洛米・辛格（Jerome L. Singer，史考特的重要導師）將「正面建設性的白日夢」稱為有趣的、一廂情願的想像，並將其與創造性思維連結起來[21]。重要的是，他將這種形式的白日夢與無法控制自己的注意力，以及存在侵入性的內疚和痛苦想法區分開來。此外，偉大的創造力研究者艾利斯・保羅・托蘭斯（Ellis Paul

Torrance）寫道：「創造力、傑出成就和自我實現最大的源泉之一，似乎就是愛上了某件事——你的夢想，你對未來的想像[22]。」

練習

1. **做白日夢。**找個安靜的地方，閉上眼睛，讓自己開始一些「正面建設性的白日夢」。花一些時間培養一個你從未想過的自我形象——一個你特別喜歡但以前從未敢想像或表達的未來自己的形象。無論發生什麼，盡可能地消除周邊干擾，全身心的投入到這項任務中。你可以稍後再糾正錯誤，但此時讓你的身心和全部意識深入到體驗中。把你的全部意識放在想像這個可能成就你的任務上；把它當作整個世界唯一存在且永遠存在的東西。

2. **發揮創意。**當你沉浸在這個影像中時，開始深入參與一項創造性的活動。用你對未來願景的反思來引導你的創造性追求、釋放你的創造潛力。也許你會被迫計劃一次旅行、做一頓美味大餐、閱讀某種形式的文學作品、寫一首詩、參觀一家藝術博物館、到大自然健行、聆聽一張讓你感動的專輯、創作一件藝術品，或是從你多次看到的事物中尋找美感。無論你選擇做什麼，都要全神貫注並全力以赴。

3. **反思創作體驗**。當你完成一系列的白日夢—創意時，反思
   一下這個過程是什麼感覺：透過影像和更積極的創意追
   求，來伸展你的創造力肌肉是什麼感覺？這是否觸動了你
   的內心？如何將更多的創造力帶入日常生活？

4. **激發求知欲**。認知探索另一個主要方面是求知欲。下次當
   有人向你表達他們對某事的看法或你讀到一則新聞標題
   時，請花點時間從各個角度進行思考。對他們所說的話抱
   持極大的好奇心。他們所說的證據是什麼？如果他們說的
   是真的，證據應該是什麼樣的？哪些證據可以反駁他們的
   觀點？你過去是如何錯誤地看待這種情況？哪些盲點可能
   會阻止你看到真相？

第五章

愛

愛是對人類存在問題，唯一一個理智且令人滿意的答案。

——埃里希・弗洛姆（Erich Fromm），
《愛的藝術》（*The Art of Loving*）

我們生活在一個大群體的時代，而且固著的依附於自己的群體身分，以至於我們很難與世界觀和我們大相徑庭的人找到共同的人性價值。是否有一種更高形式的愛可以超越我們人類的部落主義傾向？我們有可能愛我們不太喜歡的人嗎？我認為是可以的。

我們喜歡把「連結的需求」和「愛的需求」區分開來。我們已經介紹過，生活中至少要與幾個人建立親密關係並產生歸屬感的巨大好處。心理學研究也表明，無條件的給予愛是有巨大的好處。精神病學家喬治・維蘭特（George Vaillant）在《精神進化》（*Spiritual Evolution*）一書中寫道：「成功的人類發展首先包括接收愛，其次是相互分享愛，最後是無私

地給予愛[1]。」即使我們與某人沒有直接的連結、沒有明顯的共同群體身分連結，我們也可以給予愛。

　　佛教冥想老師莎朗‧薩爾茨伯格（Sharon Salzberg）在其《真愛：正念連接的藝術》（*Real Love: The Art of Mindful Connection*）一書中，討論了她的「真愛」概念，她將其定義為我們與生俱來的愛的能力，愛是一種可以自由給予的禮物。她說我們內心深處都有深藏的愛，可以隨時利用這些愛，在生活中產生更多的愛[2]。與此理念相關的是，人文主義哲學家埃里希‧弗洛姆寫了有關於成熟的愛，他認為這是一個積極的過程、是一種態度，而不僅僅是一種感覺[3]。隨著一個人的成熟，他人的需求變得與自己的同等重要，一個人逐漸將愛的觀念從「被愛」轉變為「愛人」，從一種通過被愛而獲得回報的依賴狀態，轉變為一種愛的取向，而在這種愛的轉變取向中，一個人有能力去愛整個世界。

　　心理學研究證實，人類有對「善行」的需求，亦即能夠施予他人。對別人付出不僅可以增加幸福感，而且其他需求無法完全取代這種需求，如人際關係、才能和自主性[4]。善行不僅僅是想給予我們所認識的人，而是想要給予所有人，這種想法叫做普遍主義（universalism）。有很多方法可以表達我們對於愛的需求，從志願服務到日常的善行，再到金錢捐贈[5]。世界各地的研究甚至指出，匿名捐贈可以增加施惠感（「捐贈的溫暖光芒」[6]）和幸福感[7]。人類似乎有一種內在

的利他主義驅動力,推動我們去幫助他人,並在幫助他人的過程中感受到回報[8]。

史考特與同事對「光明型人格」(light triad)的研究表示,對他人有善意的取向可以被培養為一種存在方式[9]。我們在社會中太過於重視做事,往往低估了「存在」的價值。這也適用於對愛的需求。將給予做為一種策略來為個人利益服務,這和我們在與他人的日常交往中,通過做自己和表現出善意來不斷激勵他人是不同的[10]。

光明型人格有三個要素,分別是康德主義(以人為本,而不是達到其他目的的手段)、人文主義(重視每個人的尊嚴和價值)和對人性的信仰(相信人性本善),這些都與助人的真正動機和廣泛的以成長為導向的結果有關,如增加與他人的連結、提高生活滿意度、高度的好奇心及探險精神[11]。在本章中,我們將為你提供一些練習,幫助你靈活運用愛的力量,並與他人建立連結,無論我們與他人的連結有多麼直接或自然的連結。

施予

大方無私地付出我們的時間,且不期望得到任何的回報,是我們能夠為這個世界奉獻的最偉大的愛的行為之一。經過廣泛研究,自然而然的慈善行為和利他主義會帶來生理

和心理上的好處，包括減少抑鬱症發生率、降低血壓、提高生活滿意度和延長壽命[12]。即使是相對簡單的善行，包括那些被分配或指定的善行，如九十分鐘的《讓愛傳出去》（Pay it forward）電影情節中的干預，在這種干預中，受到善意的人被要求也必須向他人傳播善意，這種行為已被證實可以增強樂觀、感恩、生活滿意度和愉悅感[13]。疫情期間，即使只是簡單地反映善意的行為，也已被證明可以增強研究參與者的正面情緒[14]。

練習

1. 花一些時間思考你為他人所做過的善舉，以及你從他人那裡得到的一些有意義的善舉。列出你本週為他人做過的至少五件善事，以及本週從他人那得到的五件善事。

我為他人所做的善事	別人對我所做的善事
1.	1.
2.	2.
3.	3.
4.	4.
5.	5.

2. 放大檢視這星期你為他人所做的其中一個善行。詳細的寫下這個行為。我做了些什麼？是什麼促使我做出這種行為？對方有什麼反應？

3. 為自己做好準備。本週請刻意為他人（伴侶、朋友、同事、老闆、導師、陌生人等）做出至少五種美德或善行。這些行為不一定要為同一人，也不一定要讓對方意識到自己的行為。試著混合和改變您所做善行活動的類型，如果可能的話，在一、兩天內將這些活動分塊進行，而不是在一週內分散進行，因為研究顯示，將善行分塊進行會讓給予者帶來更大的心理益處[15]。

　　匿名善行可以是一些簡單的舉動，如幫人洗碗、在街上撿垃圾、匿名捐款或在同事桌上放巧克力。關係更密切的善行可以包括幫鄰居處理家裡的工作、幫朋友跑腿、為朋友做一頓飯、拜訪或打電話給親戚，或為慈善機構和公益組織擔任志工。在每項活動結束後，寫下完成日期和具體作法，對你的行為進行反思。

善行日誌	
日期	**活動**
	1. 2. 3. 4. 5.

　　五項活動結束後，回顧你的日誌。你的善行是否拉近了與他人的距離？這些行為給你帶來什麼感受？這行為給他人帶來什麼感受？與其他行為相比，有沒有特別突出的？

　　無論是對你認識或不認識的朋友，你的善行是否引來了更多善行？

大衛和你的雕像

　　你有沒有注意到，你在別人面前所展現的「自己」，往往會因為你所處的環境不同，而給人截然不同的感覺？也許你有一個非常親密的朋友、戀人或同事，他們似乎能激發出你所珍視和喜愛的特質，比如傻氣、好奇心或自信。在這種情況下，你的伴侶很可能會直接或間接地、有意識或無意識

地透過言語或行動與你互動，他們看到你並支持你所珍視的這些品質。另一方面，你也可能與那些對你的這些特質持冷漠、悲觀或不贊同態度的人交往[16]。與這樣的人在一起，你可能會發現自己表現出自己非常不喜歡的特質，可能會感到煩躁、緊張或防備。

我們朝著自己的「理想自我」，或構成我們夢想和精神的特質、技能和資源[17]（當然，這些特質、技能和資源在我們的一生中可能會發生變化）的方向發展，實際上是一個深刻的人際交往過程，他人可能會幫助我們從內心「雕刻」出理想自我。就如文藝復興時期的雕塑家、畫家和藝術大師米開朗基羅，從一塊大理石板上開鑿、雕刻和打磨他的大衛雕像，從內部顯示出他的理想形態一樣，當我們最親近的人肯定我們時，我們的理想自我也會展現出來。這個過程被稱為「米開朗基羅現象」，並已透過強大的心理學研究得到驗證。

一項針對已婚伴侶討論與每個人的理想自我相關目標的錄影研究發現，當伴侶表現出肯定行為（如闡明計畫、提供幫助或讚揚伴侶的目標追求等）的人，更有可能在四個月內實現理想自我的目標[18]。

該理論還討論了超越簡單理解和鼓勵伴侶理想的重要性。米開朗基羅現象背後的研究人員卡里爾・魯斯布爾（Caryl Rusbult）、伊萊・芬克爾（Eli Finkel）和神代圓香（Madoka Kumashiro）斷言，要從眾所周知的石塊中有效地

塑造出伴侶的理想自我，我們不僅要了解「沉睡在石塊中的理想形式」，還要了解石塊本身：必須規避的可能性和潛在缺陷。換句話說，我們必須滿足伴侶的需求，支持他們對自己的實際看法[19]，幫助並促進他們的最佳表現。

這些研究人員還督促我們必須避免一個常見的陷阱，即稱為比馬龍現象（Pygmalion phenomenon），也就是說，我們對伴侶的看法和行為，傾向於與自己的理想自我一致，而不是與伴侶的理想自我一致。當我們相信自己最了解什麼是對伴侶最好的，並把自己的理想自我形象投射到伴侶身上時，就會落入這個陷阱。事實證明，這會削弱個人和伴侶的幸福感。人本主義心理學家卡爾‧羅傑斯（Carl Rogers）將這種比馬龍現象稱為「無條件的積極關注」（見第二章〈擁抱高品質人際關係的練習〉）。當我們以真誠的態度熱情地接納和看待他人，將其視為自己的親人時，我們就會給予他們「充分的許可，讓他們擁有自己的感受」和「自己的經歷」[20]。

讓我們與伴侶一起練習擁抱米開朗基羅現象，為共同成為傑作的終生過程而努力。

練習

首先，找到一個會與你參與此次練習的夥伴。這個人最

好是你生活中不可分割的一部分,比如戀人、摯友、家人、室友或親密的同事。邀請你的夥伴在深入練習之前,先閱讀上面的文字,了解米開朗基羅現象和比馬龍現象。

1. 反思你自己這塊石塊的現狀,以及沉睡在其中的雕像。

讓每位夥伴花幾分鐘時間靜靜地思考下面的問題,然後寫下你的答案。

- 現在「理想中的自己」對我來說意謂著什麼?我正在努力實現哪些希望和目標?我渴望擁有哪些特質、技能和資源?
- 與理想中的自己相比,我現在處於什麼位置?現在擁有哪些特質、技能和資源可以幫助我實現目標?
- 在實現目標的過程中,我可能會遇見哪些阻礙?要實現這些目標,我可能還需要具備哪些還不具備的特質、技能和資源?

2. 與你的伴侶分享你的想法。

在聆聽伴侶對理想自我的希望與憧憬時,要全身心的投入。吸收到你所聽到的關於你們每個人現在所處的位置,以及你希望到達位置的信息。不要試圖讓你的伴侶相信他們已經比現在更接近理想的自我了。同時,也不要妄下斷語或虛

應故事。無論他們身在何處，只要嘗試以無條件的開放和肯定的態度與他們相遇，並感謝彼此的分享。

3. 打磨你的工具。

花點時間回到安靜的反思模式，想想你可以通過哪些行為，來幫助你的伴侶從他們的石塊中鑿出、雕刻和打磨出理想的形象。你可以如何幫助支援你的伴侶實現他們的理想？

4. 與你的合作夥伴分享想法，並尋求反饋。

與你的伴侶討論這些想法，並問「如果我＿＿＿＿＿＿支持你的目標，對你會有幫助嗎？」進行對話，以你伴侶認為最有效的方式改進幫助他的方法。當然，你們也可以互相徵求意見。

5. 承諾並跟進。

堅持這些行為，幫助你展現伴侶理想中的自己。請記住，這是關於他們對自己的理想，而非你對他們的理想。確定一個時間，你們可以互相檢視這個過程的進展情況，並根據需要進行調整。

愛你的敵人

政治分歧不利於國家、我們的共同福祉和個人幸福。做為教授、社會科學家和《愛你的敵人：正派人士如何將美國從鄙視的文化拯救出來》（*Love Your Enemies: How Decent People Can Save America from the Culture of Contempt*）一書作者的亞瑟·布魯克斯（Arthur Brooks）說：

當今的政治中，我們面臨的最大威脅不是拒絕仁慈，而是憤怒和蔑視。正如我們所見，鄙視會破壞團結，導致永久分裂。這相當於在政治上使用大規模殺傷性武器。在軍備競賽中，人們有時會覺得必須採用這種武器。然而這是不正確的。從長遠來看，和善與力量（偶爾義憤填膺）是有效、權威領導的正確組合，也是獲勝的最佳方式——因為從長遠來看，人們本能地會被為他人而戰的快樂戰士所吸引[21]。

在一項旨在測試政治觀點開放程度的實驗中，研究人員發現，62%的美國人會願意支付三美元的報酬，以避免聽取對方的意見[22]。該研究發現，政治自由派和保守派人士都有強烈動機避免聽取對方的意見，因為他們認為這樣會導致憤怒和分裂。這種作法旨在運用心理工具，幫助我們在聽到與我們意見相左之人的意見時，降低不適程度。這項練習由亞

瑟‧布魯克斯和里斯‧布朗（Reece Brown）兩位專家撰
寫，採用了源自心理學和神經科學研究成果的三種方法：

1. 練習親密可以讓我們與他人融為一體，產生共鳴和理解。
2. 增加我們對他人的了解，打破關於他人懷有仇恨意圖的錯
   誤假設。
3. 表達善意和感激之情，是我們每個人都可以使用的心理超
   能力，可以從生理上提高我們和他人生活的幸福感。

　　布魯克斯寫道，如果我們想要更多的團結、更少的蔑視
和更普愛世人，「我們就要走出舒適區，到不受歡迎的地方
去，花時間與我們意見相左的人交談和互動；不是把焦點放
在像運動和食物等輕量級的東西上，而是在艱難的道德議題
上。」

　　研究顯示，人們傾向於誇大自己與另一方政治人物間的
差異程度。心理學家稱之為「動機歸因不對稱」，即人們傾
向於認為自己的動機是基於愛，而對手的動機則是基於仇
恨[23]。本練習旨在通過增強好奇心、知識、同理心和同情心
來抵銷這種不對稱。

練習

　　首先，為這個實驗找個搭檔，最好是與你政治觀點不同的人，可以是好友、同事或鄰居；只要確保他們的觀點與你相左。接下來，找幾張紙和可以寫字的東西。

1. 了解你的夥伴。

　　正如我們在本章中所探討的，心理學家亞瑟‧艾倫在實驗室中表明，讓兩個人提出一連串越來越私人的問題，從而讓人產生親密感[24]。練習的第一步就是建立在這項工作的基礎上。互相詢問以下五個問題：

- 哪裡讓你最有家的感覺？
- 你最快樂的回憶是什麼？
- 什麼讓你晚上睡不著？
- 你見過或經歷過人們一起工作時最好的例子是什麼？
- 如果被賦予了消除痛苦的力量，你會如何使用它？

2. 累積你的知識。

- 列出兩份清單：寫下生活中對你最重要的五件事，以及對你另一半最重要的五件事。
- 將你為自己寫的清單先放在一邊，並保留你根據對他人

最重要的五項猜測而寫的清單。

- 把你為自己寫的清單交給對方。
- 交換各自寫給對方的清單。有沒有哪裡寫錯？彼此有什麼共同點？
- 告訴對方，你從他的清單中了解到什麼，尤其是讓你感到驚訝的地方。討論你的期望中是否有誤解之處，如你猜錯了對方的優先事項。

3. 讚美和感謝。

我們預期會在社交場合受到他人的嚴厲批判，這就是為什麼我們不喜歡讚美別人。但研究發現，讚美者總是低估他們的讚美對接受者的正面影響，並且高估了對方因被接近而感到的困擾[25]。即使在完全陌生的人之間，與受讚美者和讚美者獲得的情感利益相比，尷尬的恥辱也被嚴重錯誤地描述。此外，表達謝意能提升我們的正面情緒，並與接受謝意之人建立連結[26]。

- 對你的伴侶表示感謝，感謝他們付出時間、關注和願意與你一起進行練習！讚美他們給你留下深刻的印象，哪怕只是他們的運動鞋！

沉浸在愛中

　　這項練習是為了讓我們敞開心扉，以更友善、更富同情心的方式看待他人和自己，從而讓我們能夠更加平和地對待自己與世界的關係。

練習

　　練習過程中，請利用下面的空白處進行沉思和冥想。如果你覺得有幫助，請隨時筆記或記下反思。

1. 想一想你生活中比較容易愛上的人。這個人可以是讓你一天充滿陽光的人、可以是你需要幫助時會尋求幫助的人，也可以是理解你並以你希望的方式看待你的人。寫下他們的名字。

   ● 在腦海中塑造他們的形象。想像他們正在對你微笑。也許你會想像與他們同在，分享一杯茶、一起歡笑、擁抱的感覺。你會產生什麼情緒？你的身體有什麼感覺？

   ● 接下來，想像向這個人發送一條讓你感覺真誠的祝福。隨意提出你自己的愛心祝福。如果你願意，也可以使用或修改這個祝福語：

   願你平安。願你遠離傷害並感到自在。願你在生活的挑

戰中找到力量和智慧。願你感受到被支持和無所畏懼。
願你知道我有多麼的在乎你。

- 回想你將這份祝福送給所愛之人的感受。
  - 你以前曾與此人分享過這些感受嗎？如果沒有，請將
    其視為純粹的慷慨之舉，不要期望任何的回報。

2. 現在想像這個人向你提出他正面臨的問題或掙扎。這可能
   是他們與你分享的真實經歷，也可能是你為了練習而發揮
   的想像。寫下你會如何回應這個人，盡可能成為他最好的
   朋友。你會使用什麼樣的肢體語言？你的語氣會是怎樣
   的？你會說什麼？
   - 接下來，想想你此刻正在經歷的挑戰或掙扎。你現在是
     如何應對自己的困境？你內心的對話聽起來像什麼？你
     的內心對話是什麼語氣？當你在思考自己內心的掙扎
     時，有什麼樣的肢體語言？
   - 反思：我對愛人的反應和我對自己的反應之間的主要差
     異是什麼？

3. 現在，給自己送上一份溫暖的祝福吧！你可以隨意發揮，
   也可以使用或修改這個祝福語：

   願我平安。願我免受傷害並感到自在。願我在生活的挑戰

中找到力量和智慧。願我感受到支持和無所畏懼。願我永遠像關心所愛之人一樣關心自己。

- 注意身體裡的任何感覺，以及腦海中的任何想法或情緒。你想到什麼？也許你的身體有一種排斥感或厭惡感。也許你會感到輕鬆或溫暖。如果需要，可以考慮修改祝福語，並嘗試不同版本，直至找到一個能讓你身心安適的版本。如果需要額外的支援，可以把一隻手放在胸口，感覺到自己的心跳、做幾次深呼吸或去散散步。

- 當你準備好時，重新審視你正在經歷具挑戰性的情況，並嘗試以你對愛人同樣的憐憫和尊重來回應自己。寫下你可能對自己說的話，培養對自己的慈愛。觀察你身體感覺、思想和情緒的任何變化。

4. 想一個你覺得很難愛上的人、與你關係緊張的人或讓你覺得被誤解的人。這可能是你生活中的某個人，與他的緊張關係給你的家庭、社交或工作造成一些困擾。雖然你想與他和解，卻不知該如何處理。寫下他們的名字。

- 當腦海中浮現此人的形象時，請深呼吸。當你想像這個人時，注意你會有什麼樣的感覺或身體變化。如果你開始感到緊張、心跳開始加快，或是注意到你的呼吸有任何變化，都無需理會，只要注意這些，然後繼續呼吸。

- 當你調整呼吸時，想像這個人。想想他們的人性、他們可能經歷過的掙扎，以及可能讓他們成為今天這個樣子的人生經歷。想像你和這個人之間有一堵磚牆，隨著你的呼吸，這堵牆正在一磚一瓦地崩解。
- 當你準備好時，給這個人一個真正的祝福。你可以用自己所想的祝福語，或者也可以使用或修改這個祝福語：

願你平安。願你免受傷害並感到自在。願你在生活的挑戰中找到力量和智慧。願我們開始看到彼此。

5. 最後，花點時間思考，我們無法改變別人，只能改變自己，而且只有當我們有改變的企圖、動力和承諾時，才能改變自己。

6. 練習結束後，把你的意識帶回到當下。反思這次向愛人、向自己和向與你有衝突的人表達愛的感受。哪個部分對你來說最難？你在自己的身體裡觀察到了哪些有趣的感覺？如果有的話，你可以在日常生活中從這種視覺化裡得到什麼啟發？

第六章

善用你的優勢

　　發掘我們最大的優勢，同時仍然尊重和處理我們的痛苦，並且不輕視我們的痛苦，對於在巨大的逆境和創傷後促進癒合、甚至取得勝利是非常有用的。然而，我們之中有太多人沒有意識到自己最大的優勢是什麼。今天，如果有人問你，「你最大的優勢是什麼？」你會怎麼回答？花點時間思考你將如何回答這個問題，而無需提前閱讀本章的其餘部分。

　　無論你在思考自己的回答時出現了什麼情況，練習著不對自己下結論。許多人覺得這個問題很難回答[1]，或者根本沒有考慮太多。

我最大的優勢

現在，看看你的答案，你的回答中有多少部分提到下面的內容：

- 才能（你擅長的事情，如演奏樂器、運動、烹飪）
- 興趣（你喜歡的事情，如激進主義、音樂、政治、心理學、醫學）
- 技能（你擁有的專長，如會說多種語言、跆拳道黑帶）
- 資源（你可以獲得的外部支援，如有一份好工作、高薪）

或許你在這部分完全留白，沒有找到任何優勢。

你記下的東西是否代表了你的性格優勢？

雖然這些其他類型的正面特質（才能、興趣、技能、資源）中的每一種，都可能是我們生活中實現自我的重要來

源，但我們的性格優勢尤其可能是應對和克服生活壓力的強大催化劑。正如VIA人格特質學院（VIA Institute on Character，這是一家致力於教育人們了解人格特質優勢的科學與實踐的全球性非營利組織）的教育主任萊恩·尼米克（Ryan Niemiec）寫道，「天賦可能會被浪費，技能可能會衰退，資源可能會流失，但是優勢可以結合並發展，且與這些正面特質相結合，為更大的利益做出貢獻[2]。」讓我們深入了解性格優勢的簡史和優勢的共同語言，以建立對這些性格優勢的認識，並在我們的生活中認真的發展和應用。

性格優勢與美德簡史

在邁入二十一世紀初的正向心理學早期，最重要的研究計畫之一，是由已故的克里斯多福·彼得森（Christopher Peterson）博士領導的五十五位心理學家和研究人員進行的一項為期三年的合作，旨在發現一種跨越年齡、性別和全球不同文化（包括五十二個國家，從肯亞到格陵蘭島北部，再到西方世界）的性格優勢和美德的共同語言[3]。當今，由馬丁·賽里格曼和克里斯多福·彼得森所共同撰寫的《性格優勢與美德：手冊和分類》（*Character Strengths & Virtues: A Handbook and Classification*）[4]，透過對二十四種通用性格優勢進行分類，編分為六種美德（見下表），已成為和精神病

診斷聖經《診斷和統計手冊》（*Diagnostic and Statistical Manual, DSM*）一樣重要的一本書。

VIA 對於性格優勢和美德的分類[5]
1. 智慧和知識：有助於個人收集和使用知識的認知優勢
● **創造力**〔原創性，獨創性〕：思考新的做事方法和概念。包括獨創性（產生新穎或不尋常的想法或行為）和適應性（想法有用，並對生活做出積極貢獻）。
● **好奇心**〔興趣、追求新奇、對體驗的持開放性〕：對正在進行的體驗本身感興趣；天生渴望積累知識、尋找答案、參與新體驗、學習新事物。
● **判斷力**〔批判性思維、開放性思維〕：對新事物進行全方位思考和研究；不妄下結論；開放客觀並能夠適時的改變主意，思考並公平地權衡所有證據。
● **熱愛學習**：通過正式途徑或自己主動掌握新技能、新課題和新知識體系。與好奇心有關，但超越了好奇心的範疇，是一種系統性增加自己知識庫的傾向。
● **觀點**〔智慧〕：為他人提供明智建議的能力；以對自己和他人都有意義的方式看待世界。
2. 勇氣：在面對逆境或反對（內部或外部）聲浪時，為實現目標而鍛鍊意志的情感力量。
● **勇敢**〔勇氣〕：直面威脅、挑戰、困難或痛苦；即使有反對意見，也會為正確的事情大聲疾呼；根據信念行事，即使不受歡迎；包括但不限於身體上的勇敢。
● **誠實**〔真誠，正直〕：說真話，做人真實，做事真誠；對自己的感受和行為負責；沒有偽裝。
● **毅力**〔堅持、勤勞〕：做事情有始有終；不顧障礙地完成行動；樂於完成任務；不矯揉造作。

- **熱情**〔活力、熱情、朝氣、精力〕：以熱情和活力對待生活；全心全意地投入工作；把生活當作一場冒險。

3. 人性：涉及照顧和擁抱他人的人際關係優勢。

- **善良**〔慷慨、滋養、關懷、同情、利他〕：幫助他人，提供善行；幫助他人；關心他人。
- **愛**〔愛、被愛和接受愛的能力〕：重視與他人的親密關係，特別是那些相互分享和關心的關係；與人親近。
- **社交智商**〔情緒智商、個人智商〕：了解他人和自己的動機／感受；知道如何適應不同的社交場合；知道是什麼讓其他人認同。

4. 正義：構成健康社群生活的公民力量。

- **公平**：按照公平正義的理念對待所有人；不要讓感情影響對他人的決定；給每個人公平的機會。
- **領導力**：鼓勵自己所在的團體完成工作，並保持成員間的良好關係；組織小組活動並確保活動的進行。
- **團隊合作**〔公民意識、社會責任、忠誠〕：做為小組或團隊的一員，出色地開展工作；成為「團隊成員」；竭盡全力。

5. 自我約束：能克制不當衝動的優勢。

- **寬恕**〔慈悲〕：寬恕犯錯的人；接受別人的缺點；給人第二次機會；不記仇、不報復。
- **謙遜**〔謙虛〕：讓自己的成就說話；不認為自己比別人更特別。
- **審慎**：謹慎選擇；避免不必要的風險；不說或不做可能會後悔的事。
- **自律**〔自我控制〕：調節自己的感受和行為；嚴以律己；控制自己的食欲和情緒。

6. 超越：與宇宙建立連結並提供意義的優勢。

- **欣賞美麗與卓越**〔敬畏、驚奇、提升〕：在生活的各領域，包括自然、藝術、數學、科學和日常經驗，注意並欣賞美、卓越和／或熟練的表現。
- **感恩**：意識並感謝發生的好事，花時間表達你的感謝之意。

- **希望**〔樂觀主義、未來意識、未來導向〕：期待最好的未來，並努力實現它；相信美好的未來是可以實現的。
- **幽默**〔嬉戲〕：喜歡笑和趣味；給別人帶來歡笑；看到光明的一面；製造笑料（不一定要用講的）。
- **靈性**〔宗教、信仰、目的〕：對宇宙的更高目的和意義有一致的信念；知道自己在更大計畫中的位置；對生命的意義有信念，這些信念塑造行為並提供安慰。

經 VIA 學院許可轉載

　　這二十四種性格優勢都是積極的人格特質，既能促進個人成就感，又能造福世界[6]。每個人都有自己獨特的性格特徵和有別於他人的優勢組合，它們反映了我們是誰，也反映了我們所做的事情。每種特長都在我們的生活中發揮著不同作用，它們之間沒有等級之分。

　　此外，優勢並不是跨環境和時間的固定特徵，而是具有可塑性、可成長且因環境而異的[7]。我們擁有更高的優勢，被稱為「標誌性優勢」（signature strengths），即那些與我們負責自我最相符，並超越背景的優勢；這些優勢是我們身分的核心面向。

　　雖然每個人擁有的標誌性優勢沒有固定數量，儘管有些人報告多達九個，但傳統觀點認為我們擁有三到七個不等[8]。我們的標誌性優勢具有內在動機，能讓我們感到精力充沛，並能幫助我們克服挑戰和創傷。它們還可以幫助提升我們的次要優勢，這些優勢可能不太自然，但仍然存在並且可以培

養。我們的次要優勢並不一定是劣勢。

　　尼米克指出，在我們社會中，普遍缺乏對自身優勢的深刻認識。他指出，我們可能會在以下四個方面對自己的優勢視而不見[9]：

1. **普遍沒有意識到自己的優勢**：正如你在本章開頭被要求反思自己的優勢時親身經歷的那樣，許多人發現這一簡單的行為具有令人難以置信的挑戰性。一般來說，我們並沒有被培養或鼓勵去思考自己的最佳特質！我們希望隨著VIA學院和性格實驗室（VIA Institute and Character Lab）[10]等組織的工作，滲透到全球的學校課程和文化中時，這種情況能夠迅速改變。現在，我們必須藉此機會學習優勢語言（從前幾頁的表格開始），以提高我們的意識，並開始從這些角度思考自己和他人。

2. **優勢與其意義之間的脫節**：一項調查顯示，約有三分之二的人對自己的性格優勢及這些優勢如何在日常生活中發揮作用，並沒有足夠的認識[11]。即使對於那些能夠回答「你的最佳品質是什麼？」這個問題的人，他們的回答往往也含糊不清，或是僅僅提到天賦、技能、興趣或資源。我們中的大多數人並沒有把我們的性格與我們的成就、目標、克服挑戰的能力或人生價值建立有意義的連結。

3. **將優勢視為普通而非不凡**：當人們確實能夠辨識或談論自
   己的性格優勢時，我們往往會迅速掩蓋它們的光芒，認為
   這些都是理所當然的正常現象；「我當然愛我生命中的
   人……這沒什麼特別的……」然而，研究表明，我們幾乎
   總能從優勢中汲取更多的東西，包括在具有挑戰性的情況
   下利用優勢的新方法，或如何利用某一優勢來實現特定目
   標。當然，在工作、家庭和面對生活壓力時，我們都可以
   更多地利用自身的優勢，並從中受益。

4. **過度使用我們的優勢**：重要的是，要考慮到優勢在被過度
   使用或在不恰當的環境中使用時，可能會產生適應不良的
   後果。性格優勢並非鈍器，我們不該恣意地投入所有環
   境；相反地，這其中有一個「黃金準則」，也就是必須要
   考慮正確的優勢組合、使用程度及視情況而定，才能夠讓
   我們和他人受到最大的利益[12]。（見下頁表格，其中概述
   了每種優勢的使用不足、過度使用和最佳使用狀況[13]）例
   如，做為一名醫生，如果喬丁在告訴病人罹患癌症末期
   時，使用了她的幽默特質，這很可能會被認為是麻木不仁
   和非常不恰當的。當談到優勢時，好東西肯定不會太少。

善用你的優勢

性格優勢	使用不足	過度使用	最佳的使用方式
欣賞美麗與卓越	盲目的，健忘的，陷入慣性的舊思維，沒有意識到美	勢利，完美主義	敬畏和驚奇，讚賞卓越，鼓舞他人的善意
勇敢	懦弱，不願受到傷害，不願為自己或自己的信仰採取行動或挺身而出	冒險，魯莽，過分自信，厚顏無恥	面對恐懼，不畏逆境，勇敢，堅持信念
創造力	循規蹈矩，缺乏想像力，陳腐	散亂的，古怪的，飄忽不定的	獨特的，聰明的，富想像力的
好奇心	不感興趣，無聊，冷漠，只關心自己的事物	侵擾的，愛管閒事的，好事的	探索性的，感興趣的，開放的，尋求新奇的
公平	有偏見的，不道德的，自滿的，不公正的	超然的，過於公正的，優柔寡斷的	人人機會均等的捍衛者，以正義為導向，具有強烈的道德觀
寬恕	報復心強的，無情的，苦毒的，怨恨的，懷恨在心的	縱容的，沒有骨氣的，逆來順受的	受委屈能放手繼續前進，願意給他人第二次機會，自重
感恩	有權利，不懂欣賞，粗魯，自私	討好他人的，做作的，譁眾取寵	心存感激，與人有連結，感激的，追求美好
誠實	虛假的，不真實的，缺乏誠信的，欺騙的	自以為是，輕率，過度分享	真實，求真，分享，真誠，不做作

希望	絕望，悲觀，活在過去，憤世嫉俗	不切實際，盲目樂觀，心不在焉，「過於樂觀的」	樂觀，對未來充滿信心，期待正面的事情發生
謙遜	傲慢，自大，自戀	自我貶低，屈從，太自我意識	對自己有清晰的認識，謙虛，意識到自己的局限性，會關注他人
幽默	平淡，沒有幽默感，過於嚴肅，壓抑，死板僵硬	無味，冒犯，脫節	尋求喜樂／尋求歡笑，看到生活輕鬆的一面，俏皮
判斷力	不合邏輯，天真，思想封閉，容易上當受騙	死板，心胸狹窄，優柔寡斷，不知所措	善於分析，注重細節，思想開明，理性，合乎邏輯
善良	卑鄙，殘忍，冷漠，自私，漠不關心	同情性疲勞，過度關注他人	為人為己，關愛他人，慈悲為懷，友善
領導力	被動的，不假思索的順從，追隨者	專橫，控制，專制，「順我者昌，逆我者亡」	對他人有正面影響，善於組織人群，引領願景
愛	疏離，孤立，隔離，空虛，孤獨，冷漠	情緒化的矯枉過正，甜言蜜語，虛偽的溫暖	溫暖，與人有連結，充實的人際關係，慷慨的精神
熱愛學習	自鳴得意，不感興趣，滿足於現有知識	無所不知，菁英主義者	尋求資訊，終身學習者
毅力	懶惰，無助，沒有動力	固執，執著，放不下	完成任務的人，堅韌不拔，堅持不懈，勤奮

觀點	膚淺的，表面的，愚蠢的	偏離，霸道，傲慢	睿智，敏銳，理智，能夠整合多種觀點
審慎	魯莽的，不明智的，疏忽的，輕率的	悶悶不樂的，拘謹的，僵硬的，謹慎的	明智謹慎，有計畫的人，以目標為導向，管理風險
自律	自我放縱，衝動，缺乏紀律，注意力不集中	壓抑，緊繃，強迫症	會自我管理惡習，有紀律的，專心致志的，專注的
社交智商	慌張的，無意識，與人沒有連結，遲鈍，麻木不仁	過度分析，過度敏感，胡言亂語	協調，精明，知道如何讓別人認同，善解人意，情緒控制能力好
靈性	虛無主義，脫離目的，意義和價值觀	傳教，說教，狂熱，自以為神聖	與神聖相連，追求意義，表達美德
團隊合作	個人主義，自私自利	傾向於集體思考，盲目服從，依賴，缺乏自我意識	參與，忠誠，有社會責任感，協同一起合作
熱情	久坐不動，疲倦，毫無生氣	過度活躍，惹人厭煩	生氣勃勃，熱情，積極，充滿活力

圖表由 VIA 學院提供

　　尼米克討論了性格優勢與正念的關鍵整合，以有意識地克服每一種形式的優勢盲點，並在生活中以最佳方式發揮我們的優勢。在其開創性著作《正念與性格優勢：蓬勃發展的實用指南》（*Mindfulness & Character Strengths: A Practical*

Guide to Flourishing）中寫道：

「簡言之，正念為我們打開了一扇認識自己的大門，而
性格優勢就是門後的東西，因為性格優勢就是我們的核心。
正念為潛在的自我提升和成長打開了一扇門，而性格的運用
往往就是成長本身。」

為了實現這種整合，尼米克成功開發了一個為期八週、
以優勢為基礎的正念計畫，名為正念優勢學習方案（MBSP,
Mindfulness-Based Strengths Practice），該方案已在全球五十
多個國家和地區使用[14]。在此，我們提出了一條前進之路，
認真識別並關注自己和他人的性格優勢，並嘗試以新的方式
利用我們的優勢，並發現自己和他人的優勢。

了解你的優勢

練習

1. 練習的第一步，是花時間真正研究「VIA 性格優勢和美德
   分類表」中的優勢語言。積極閱讀並重讀這份表格，其中
   包括六種美德、二十四種優勢及其同義字和定義。開始在
   日常生活中使用這些詞語，把它們寫下來，用這種語言與

他人交談。當我們使用優勢語言的能力越強，當我們開始在自己和他人身上即時看到這些優勢時，這些優勢就會變得越生動。

● 當你在閱讀這份表格時，你是否覺得這些優勢中有哪些可能是你的標誌性優勢？要想知道某項優勢是否是你的標誌性優勢，一種方法就是問自己，「如果我不能在生活中使用這項優勢，我還會是我嗎？」

2. 要想有效衡量自己二十四項優勢的方法是參加 VIA 測驗（VIA survey）。請造訪 www.viacharacter.org 網站，並點擊「參加免費測驗」（take the free survey）。在 VIA 性格學院（VIA Institute on Character）的網站上註冊，並建立帳戶。選擇成人版的測驗，回答所有的問題，直到得出結果。

注意：你的前五個結果會自動顯示。然後你可以點擊「顯示你所有的優勢」（show all of your strengths），來查看全部的二十四個優勢。

● 反思：在看到你的最大優勢前，是否很想一直滾動到底部查看你的次要優勢？如果是，你並不孤單！請記住，我們會過度關心環境中的潛在威脅或負面特徵！請記住，較弱的優勢並不是劣勢。你能否用心意識到自己的所有優勢，包括那些在清單上排名最低的優勢，而不對它們做出評判？

3. 一旦根據 VIA 測驗顯示出你的清單後，請檢查前十項，並
　 問自己下面的問題：

- 我所確定的可能標誌性優勢在我的列表中是如何體現
　 的？這些優勢出現在我的十大優勢中嗎？

- 這些優勢對我來說是與生俱來的嗎？

- 生活中的其他所有人，包括家人和朋友，是否觀察到我
　 的這些優勢？

- 我如何在不同的環境中表現這些優勢？

　 至此，你可能已經確定了三到十個標誌性優勢。

探索你的優勢

練習

　 一旦你意識到且能靈活運用性格優勢的語言，並確定了
這二十四個項目是如何排名的，此時就可以花些時間思考你
最突出的優勢。如果對你有幫助，也可以針對每種優勢開始
進行練習，但是我們建議你從排名最高的那一項開始[15]。

- 我怎樣才能表達這種優勢？在表達這種優勢時，我的身
　 體有什麼感覺？

- 日常生活中，我會在何時何地經常的使用這種優勢？
- 當感覺最好時，我如何使用這種優勢？
- 壓力大時，我如何使用這種優勢？
- 在什麼情況下，我可能會過度表現這種優勢？
- 在什麼情況下，我可能會吝於表現這種優勢？
- 這種優勢在我的生活中給我和其他人帶來什麼好處？

重複練習清單中的其他優勢！

下一個步驟是開始有意識地把優勢融入到我們的日常生活中。我們可以透過兩種主要方式做到這一點：

1. 發現優點（他人和自己的）。
2. 以新的方式發揮優勢。

發現他人的優勢

練習

- 一旦我們覺得自己精通了優勢語言，並深入思考了自己的一些最大優勢，就可以開始隨時注意自己和他人的這些優勢。當我們注意到優勢的使用時，或許會給它們貼上標籤，隨時運用它，並強調揭示優勢的具體行為。

● 當我們發現他人的優勢時——例如，一位朋友就如何處理工作上的困難情況，給了你非常中肯的建議——我們可能會用個人觀點的優勢注意到他們，並且說：「哇，你用如此奇妙的方式來看待事情的各個層面，真是太聰明了；你的觀點絕對是你最突出的優勢之一。」

以這種方式發現優勢有很多好處。首先，與他人談論我們注意到的優勢，是一種享受使用優勢帶來正面影響的方式（參見第八章的「品味生活」練習）。這也是加強我們人際關係品質的一種方式，並且還能強化夥伴們的理想自我（參見第五章的「大衛和你的雕像」）。即使他們不熟悉這個概念，也會激發他們的好奇心，讓他們進一步了解你所提到的「標誌性優勢」是什麼意思（這也是培養求知欲的一種方式。請參閱第四章的「敞開心扉」）。這也是你向他人介紹自己新學習到的優勢語言的機會；你可以隨時向他們發送VIA測驗的連結，並一起討論你的結果。這不僅可以擴大這個至關重要概念的範圍，還可以擴大與你一起使用這種語言的人際網絡！

以新的方式使用優勢

練習

在重複的、隨機的、線上安慰劑對照試驗中，研究人員要求參與者每天識別一種最佳的個人優勢，並以新的方式使用它，為期一週。結果發現，六個月後，參與者的幸福感增加了、抑鬱減少了 [16]。

- 你如何在本週的每一天，都以一種新穎的方式、用心的運用你的一項主要優勢？

VIA 性格學院網站有關於使用每種品格優勢新方法的精采建議，你可以在完成 VIA 測驗後訪問該網站。我們在後面幾頁的表格中簡要列出了建議。讓自己在本週有意識地發揮自己的優勢。

- 想要更上一層樓？試想如何使用自己的強項來提升自己的弱項。
- 當遇到具有挑戰性的情況時，利用自己的優勢來應對。在任何情況下，這都是需要思考的重要問題 [17]：
  - 相關性：這種情況需要用到我的優勢？

- 衝突性：我應該使用哪種優勢，尤其是在多種優勢相互競爭的情況下？
- 具體性：將優勢轉化為行動需要什麼？

　　現在讓我們重溫本章開頭的問題。你最大的優勢是什麼？為什麼？

我最大的優勢

```



```

以新的方式使用優勢	
欣賞美麗與卓越	● 在美麗的自然環境中靜坐二十分鐘。 ● 參觀藝廊，參加音樂會，或只是聆聽一段被視為超凡卓越的音樂；讓自己的思緒被所經歷的一切所征服。思考創作這些作品所需要的天賦。 ● 記錄美麗日誌：寫幾句關於你看到或經歷的美好事物。
勇敢	● 接觸並結交與你不同的新朋友。 ● 嘗試你一直想嘗試的新冒險或新愛好。 ● 確認你可能會因害羞而迴避的領域。練習有效面對這種情況的方法。
創造力	● 寫一首詩或創作一篇文章，或嘗試創作藝術或音樂。 ● 用家中現有的食材烹煮一道新料理。 ● 當遇到問題時，明確問題所在，集思廣益，找出多種可能的解決方案或結果。 ● 將一個普通的居家用品變成有意義的東西，如迴紋針或牙籤。
好奇心	● 探索你所處的環境，留心平時可能不會注意到的細節。 ● 選擇一個新的播客來收聽一個你知之甚少的話題。 ● 第一次嘗試來自另一種文化的新食物。 ● 在日常通勤中嘗試與平時不同的路線，並探索新的社區或環境。
公平	● 在談話中邀請新人，或者是被你所在團體排除在小組之外的人。 ● 向你可能冤枉或犯錯的人道歉。 ● 注意你如何對待身邊擁有不同權力或職位的人。有意識地努力正確地對待每個人。

寬恕	● 寫下你曾有過的負面事件或怨恨，並想想事件發生後，為你打開的任何大門或體驗到的任何好處。 ● 想想最近冤枉你的人，試著從他們的角度看問題。 ● 發誓原諒自己最近犯下的錯誤。
感恩	● 每天寫下三件讓你感恩的事，以及你感激的原因。 ● 對值得感謝但可能不被認可的人說一聲「謝謝」。 ● 透過電子郵件、訊息或是在某人辦公桌或工作場所貼上便利貼，向其表達感激之情。 ● 寫感恩日記：每當你產生感激之情時，就寫下來。
誠實	● 寫一首詩或創作一件藝術品，表達內心的真實想法。 ● 在人際交往中信守承諾。不要辜負與他人的計畫。 ● 自我檢查——你的行為是否符合你的意圖和價值觀？並可在需要時做出必要的改變？ ● 聯繫你可能只說了部分實情的人，讓他們了解事情的全貌。
希望	● 想一想你遇到的問題，並就如何解決問題提出一、兩個實際且樂觀的想法。 ● 反思或寫下你為改善自己或他人處境所採取的行動。 ● 為自己設定積極目標，想像自己克服障礙的樣子。
謙遜	● 一週內不要炫耀自己的成就，注意人際關係的變化。 ● 在談話過程中，注意自己相對於他人的發言量；如果自己說得多／分享得多，練習翻轉一下，多聽別人的談話或分享。 ● 承認自己的錯誤，並在犯錯時道歉。 ● 向你信任的人詢問尋求回饋，了解潛在的成長領域。

幽默	● 記錄幽默日誌：寫下每天發生的一件有趣的事（即使是不一定會讓人捧腹大笑，卻很有趣）。 ● 看一齣喜劇或情境喜劇，讀漫畫或有趣的部落格——讓自己笑出聲來。 ● 和別人在一起時，做一些自發的、好玩的事。
判斷	● 觀看與你觀點截然不同的政治節目，並保持開放心態！ ● 在你有強烈觀點的問題上唱反調（善意地要求澄清問題）。 ● 評估過去你不滿意的事，並集思廣益尋找其他解決方案。
善良	● 主動給鄰居家的老人送去一頓健康的飯菜。 ● 本週每天做一件善事（例如，做義工、向你所愛之人說些好話、打個電話給獨居或年長的家人）。 ● 在電子郵件和交談中以更親切、更溫和的用語和對方溝通。
領導力	● 在活動或專案中起帶頭作用，積極徵求小組成員的意見；根據小組成員的特長分配任務。 ● 調解衝突雙方之間的爭論；鼓勵他們坦誠交流並找到解決方案。 ● 與向你彙報工作的人，討論如何在工作中更多地發揮他們的特長。
愛	● 給你所愛或欣賞的人，寫張紙條或籌劃一個驚喜。 ● 與所愛的人（包括你有實際接觸或不在你身旁的人）參與一項有意義的活動。 ● 告訴別人你看到他們發揮的一種力量，以及你對這種力量的重視。

熱愛學習	● 每天學習五個新單字。 ● 主持或參加面對面或虛擬的興趣小組／沙龍／讀書俱樂部。 ● 下載語言學習應用程式，開始練習新語言。 ● 依據本書中的一些引文，找到其原始出處，藉此發現新的書籍可供閱讀；閱讀原始的研究論文！ ● 參加大師班、線上課程或現場課程，學習你想進一步了解的主題。
毅力	● 每天設定一到兩個切實可行的目標，並思考可能會遇到的障礙；思考你將如何面對這些障礙，以實現你的目標。 ● 完成一個你一再延後的小計畫。
觀點	● 在分享你的想法前，有意識地集中注意力，認真傾聽他人的意見。 ● 以開放的心態閱讀具不同觀點之人的文章。 ● 想想你認識的最有智慧的人。試想他們會如何處理你所遇到的困境。
審慎	● 在快速做出一個看似不費吹灰之力的決定前，花一分鐘的時間思考你還有什麼選擇。 ● 寫下採取特定行動的成本和收益，以及不採取特定行動的成本和收益。檢視結果，從而做出最實際的決定。
自律	● 在有壓力的情況下進行反射性的動作之前，有意識的練習呼吸，並注意身體的感覺。 ● 為有規律的生活設定每天的目標（如清潔、洗衣服、吃好、鍛鍊身體）。透過清單或追蹤表監控和記錄你所做的事情。

社交智商	• 主動與陌生人交談，如服務人員、街上的某個人、餐廳的某位客人或計程車司機。 • 練習直接向周圍的人表達自己的情緒，標記自己的感受，並解釋這種情緒給你帶來的感受。 • 練習留意他人的情緒，並以一種不帶批判的方式詢問，「我注意到上次見面後，你看起來有點失望，你想談談嗎？」或「你似乎對下週的假期很興奮，你最興奮的是什麼？」。
靈性	• 在每天的生活中培養與特殊物品或地點「靜靜相處」的時刻，然後沉思這一刻的意義。 • 在日常生活中安排祈禱、冥想或親近大自然的時間。 • 與所愛之人建立一種新的儀式。
團隊合作	• 自願為某個組織貢獻時間，或考慮指導一名新同事、朋友或家人。 • 發現並讚賞你的團隊成員所表現出的優勢。邀請他們參加VIA測驗，並分享調查結果！ • 透過在團隊會議上進行匯報，來體驗正面的團隊互動。
熱情	• 參與體育活動（騎自行車、跑步、瑜伽、唱歌、玩耍），然後在活動了一天後好好休息。 • 透過能顯示個性的服裝、鞋子和／或飾品來表達出你的能量。 • 與生活中的人分享正面的消息，以提高熱情和能量；利用他人與你分享的正面消息來幫助他們，並透過提出問題來幫助他們重溫正面的經歷。

第七章

實現你的目標

幸福是一種附帶現象、一種副產品,不是直接追求
的東西,而是對美德的間接回報……我認識唯一快
樂的人,是那些在他們認為重要的事情上做得很好
的人[1]。

——亞伯拉罕·馬斯洛,一九六二

如果一個人不知道要航向哪個港口,那麼,吹的任
何風都不會是順風。

——塞內卡(Seneca)

一個人所擁有的一切都可以被剝奪,唯獨人性最後
的自由——也就是在任何境遇中選擇自己態度和生
活方式的自由不能被剝奪。

——維克多·弗蘭克爾(Viktor Frankl),一九四六

追求幸福有一個很大的悖論:當我們迎頭追趕它時,它

卻似乎離我們越來越遠。心理學家將此稱為「享樂跑步機」
（hedonic treadmill）。追逐快樂卻沒有目標和參與感，會讓我
們在原地踱躂，這時不禁要問：「這真的是生活的意義嗎？」

　　一個充實的人生是由我們人類獨特的願望所驅動的，那
就是在這個世界上留下自己的印記，哲學家和小說家麗貝
卡·戈德斯坦（Rebecca Goldstein）將這種現象稱為「重要
的本能」（mattering instinct）[2]。重要的途徑有很多，但是有
一條潛在的強大途徑是，擁有目標並朝著目標前進的生活。
我們對目標的需求可以定義為對一種總體願望的需求，這種
願望會激發我們去努力，並為我們的生活提供意義和重要性
的核心來源。有了這樣一個目標，我們最核心的動機就會發
生根本性的改變。有了目標，曾經讓我們殫精竭慮的事情會
突然變得微不足道[3]。

　　對於我們之中的許多人，尤其是現今的年輕人來說，在
社交媒體上看到名人和網紅的影像是非常誘人的，並將名聲
視為實現我們目標的一個引人注目的、統一的管道。然而，
作家艾蜜麗·埃斯法哈尼·史密斯（Emily Esfahani Smith）
指出，越來越多的研究證實，意義和目標並不是透過成功或
魅力找到的，而是在一些平凡的事物中發現的：當親人生病
時，我們會伸出援手幫助家人；在社區內，我們會為有需要
的人提供志願服務，或者只是幫朋友打氣[4]。如果我們真的
很幸運，我們的工作和生計也可能是一件有生活意義的事。

組織心理學家艾米・弗熱斯涅夫斯基（Amy Wrzesniewski）
和她的同事們發現，將日常工作視為一種使命、一種就算沒
有報酬也會去做的生活核心力量，與那些把工作僅僅視為一
份工作或職業的人相比，他們獲得的生活滿意度和工作滿意
度更高、曠工天數更少[5]。即使研究人員對收入、教育程度
和職業進行了控制，這些發現仍然成立。這表示對生活和工
作的滿意度可能更多的取決於我們與工作的關係，而非工作
帶來的收入或聲望。

當我們遇到某人時，是否經常問他們，「你在哪高就？」
卻很少會問，「你為什麼選擇做這行？」正是這個未被提出
的問題達到了我們的目的。正如馬斯洛所說「不值得做的事
情就不值得做好」[6]。

我們剛剛經歷了美國的「大辭職潮」，對某些人來說，
僅僅擁有一份穩定的工作就應該感覺像是一種奢侈時，這些
研究結果意謂著什麼呢？對於我們這些真正努力去適應不斷
變化的工作環境，並且可能已經與我們工作中最有意義、最
吸引人的部分失去連結的人來說呢？地球上絕大多數的人發
現自己的工作單調、缺乏重要性，甚至令人崩潰，如果他們
有足夠的財務穩定性，明天就會辭職，那又怎麼樣呢？

一方面，我們每個人都可以嘗試找到並連結自己工作的
目的；再者，關注那些將我們的日常工作和例行公事與更大
的事情（我們的原因）連結起來的部分（即使是微不足道的

部分）。例如，一家旅遊公司的廣告代表可能每天會花幾分鐘的時間思考，她銷售廣告版面的工作是如何幫助他人放眼世界及體驗地球上的新文化和新地方；送餐的餐飲服務人員可以思考，他要如何做才能將人們聚在一起吃著熱騰騰的食物，並協助家庭餐館轉型為外賣店。我們與所從事工作間的關係至關重要。我們可以用心地去尋找目標，並經常這麼做[7]。

　　我們還可以通過重新設計和重新構思工作任務和工作關係，使其更符合我們的優勢、價值觀與熱情，從而創造工作意義，這種干預被稱為「工作塑造」（job crafting）[8]。或許旅遊代表可以拓展自己的角色，與那些以可持續發展為導向或那些致力於為服務不足的社區創造就業機會的公司廣告商，建立新的合作夥伴關係；餐飲服務人員可以與同事合作，將剩菜剩飯送到當地的收容所或有需要的家庭。

　　我們也可以擺脫目前的處境，尋找與我們價值觀更一致的新機會。同時，雖然工作可能是實現目標的強大動力和機會，但它並非是我們的唯一來源——我們可以通過業餘愛好和志願服務、通過家人和朋友的人際網絡，來挖掘工作之外的意義。本章的練習旨在幫助我們反思自己的意義和目標來源，以及如何在生活中重新定位這些來源。

你重視的是什麼？

你是否曾經被要求反思你人生中最偉大、最深刻的價值觀？如果有，你想到了什麼？如果沒有，你絕對不孤單。在過去的幾年裡，當我們要求數百名學生明確思考他們在生活中最看重的是什麼時，總是驚訝地發現以前很少有人這樣做。之所以令人驚訝，是因為價值觀是我們自身的重要組成部分，無論我們是否有意識地認知到這點，它都深刻地引導著我們的行為[9]。

根據跨文化價值觀研究員沙洛姆‧施瓦茨（Shalom H. Schwartz）的說法，價值觀是指激勵行動的理想目標，並可做為個人或群體生活的指導原則[10]。我們的價值觀充滿了強烈的感情，尤其是當它們以某種方式被觸發或違反時（想想，一個非常重視獨立和個人自由的人，卻因必須戴口罩的規定而被激怒；或是一個非常重視公共衛生的人，會對拒絕接種疫苗的人感到憤怒）。

因此，我們的價值觀可能會與他人的價值觀、甚至是我們自己持有的其他價值觀相衝突，這可能會導致自我內心和人際間的衝突。當然，我們都看到這種衝突在我們自己的社群，以及國家和全球舞台上演。我們的價值觀可能會引領我們如何選擇某些行動、政策、政治領導人和社群，而且往往會超越背景，指導我們全面的動機和行為。

　　施瓦茨在《人類基本價值觀的精緻理論》（*The Refined Theory of Basic Human Values*）一書中，概述了十九種不同動機的價值觀，以及它們之間的動態關係，這些價值觀在所有主要文化中都得到了認可[11]。請參閱下頁詹・切丘赫（Jan Cieciuch）及其同事提供的圖示。

　　這個模型中包含了各種價值觀之間的動態關係，包括追求符合某一價值觀的行動會產生怎樣的後果，這些後果可能與其他價值觀一致，也可能與其他價值觀相衝突。如圖所示，相互對立的價值觀，如對變化的開放和保守態度，以及自我提升和自我超越的價值觀，都可能會發生衝突（不過，正如在本書中所討論的，我們當然也可以追求同時融合兩種高階價值觀的目標，如「健康的自我」。請參閱第三章）。這個模型的另一個有趣的地方，是區分了普世主義（即對世界的愛）和仁慈（即對內部群體的愛），我們也會在本書中試圖做出區分。

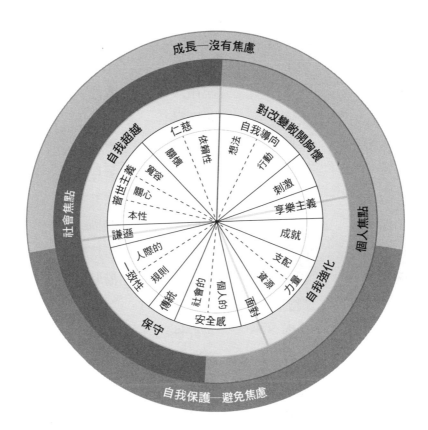

　　我們提出這個模型，是為了強調某些價值觀可能彼此更
加一致，而其他價值觀可能存在更多內在衝突。

接受	藝術	冷靜的	溝通
激進主義	專注	關懷	社群
冒險	平衡	公德心	同情

利他主義	歸屬感	施捨	社交連結感
勇氣	健康	開放性	純樸
創造力	歷史	紀律	靈性
好奇心	榮譽	組織耐心	自發性
紀律多元化	人權	和平	穩定性
教育	幽默	毅力	管理方式
努力	想像力	博愛	優勢
環保主義	獨立	玩樂	結構
公平	正直	正面	可持續性
興奮	智力	權力	體貼
擴展	親密關係	生產率	寬容
經歷信仰	直覺	可靠性	超越
家庭	正義	尊重	理解
身體狀況	善良	韻律	和睦
心流	領導力	風險	溫暖
原諒	學習	安全	智慧
自由	愛	自我表現	機智
樂趣	忠誠	過於自信	懷疑
慷慨	魔法	身體的快感	
	築巢	寧靜	
	養育		

對於我們中的許多人來說，解讀自己的價值觀有助於我們更深入地了解自己，以及自己的感受和行為。這個過程也能讓我們走上理解他人感受和行為的道路（包括那些我們可能不認同或有衝突的人或團體）。明確我們的價值觀還能幫助我們在生活中做出積極的改變，使我們能夠更真實地按照自己的目標生活。

如果我們意識到，對我們來說最重要的事情與我們日常生活的現實間可能存在脫節，那麼參與這些重大問題的討論，可能會讓人感到不知所措，甚至在道德上有點令人沮喪。

這個練習就是要明確我們的價值觀，然後將其與我們的日常生活結合起來，並在此過程中，減少對價值較低的想法與活動的情感、注意力及時間投入。

練習

1. **確認你的核心價值觀**。花一些時間真正去思考「在這個世界上什麼對我最重要？」。你可以從下面的空白處開始，以下列問題為指導進行思考；也可以隨時參考第196-197頁提供的價值觀清單，來幫助你激發想法。
   - 哪些指導原則能讓我產生共鳴，讓我的生活充滿意義？
   - 我想傳給下一代的價值觀是什麼？

● 如果按照自己最根深柢固的價值觀生活，我想在自己的
　墓碑上寫些什麼來總結我的一生？

我的最高的價值觀

```



```

2. **定義你的核心價值觀**。需要注意的是，任何兩個表面上擁
　有相同最高價值觀的人，對於這些價值觀都可能有著截然
　不同的概念或定義。將你清單縮小到三至五個最重要的核
　心價值觀；你如何定義自己的這些價值觀？你的最高價值
　觀對你的意義是什麼？

　　　1.

　　　2.

　　　3.

　　　4.

5.

你每天是如何踐行這些價值觀的？它們已經在你的生活中以何種方式體現出來？是有意為之，還是偶一為之？它們已經在你的生活中以何種方式體現出來？這是有意為之，還是偶一為之？

1.

2.

3.

4.

5.

3. 反思：

- 我清單上的某些價值觀與其他價值觀有何互補或衝突？
- 這些價值觀與我生活中其他人的價值觀有何互補或衝突？
- 這些價值觀與我所連結的組織、工作場所或其他機構的價值觀有何互補或衝突？
- 在我的一生中，價值觀是如何轉移和變化的？
- 在最近幾年、幾月和幾週內，我的價值觀是如何在生活中發揮作用的？

你的IKIGAI是什麼？

當作者、探險家和「藍區」（Blue Zones）創始人丹・布特尼（Dan Buettner）與《國家地理雜誌》（National Geographic）合作，研究地球上人類最長壽的地方時，他的同事整理出一些長壽「公式」的跨文化基礎，不僅歸納出我們如何能讓自己活得更久的方法，也讓我們知道如何才能為我們的歲月增添更多「有意義的生活」[12]。在研究了義大利撒丁尼亞島（Sardinia）、希臘伊卡利亞島（Ikaria）到日本沖繩等地的文化後，布特尼發現，有目的的生活取向是這些令人難以置信的強大文化中的共同要素。

沖繩的一個核心概念被稱為「ikigai」（生き甲斐），該日語大致可翻譯為「存在的理由」或「早晨醒來的理由」。研究人員狄恩・菲多（Dean Fido）、小寺康弘（Yasuhiro Kotera）和淺野健一（Kenichi Asano）將「ikigai」描述為一種「包含生活意義、動機和價值觀的複合概念」[13]。布特尼解釋道，沖繩的時代精神中沒有「退休」的概念，反之，居民在年過半百後，仍積極投身於能給他們帶來巨大意義的事情中。無論是照顧曾曾孫、將社區傳統傳給下一代、教授空手道，還是釣魚，沖繩人不僅知道他們早上起床的原因，即使到了一百歲，他們還是會繼續這樣做。

Ikigai

一個用日語表達的觀點，意思是「存在的理由」

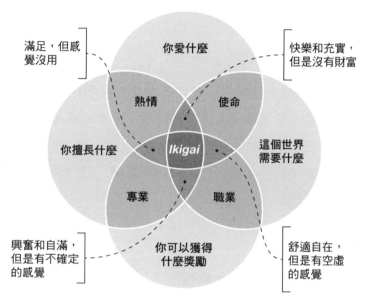

儘管難以衡量和進行正式研究，ikigai 與多種健康益處有關，包括老年人的身體健康、減少中風和心血管疾病的發病率、改善心理健康，以及提高照顧者的心理健康水準[14]。根據作家三橋由香里（Yukari Mitsuhashi）的說法，「ikigai」不僅僅與我們對生活的整體定位有關，而且還存在於生活經歷中看似平凡的微小時刻。

練習

通過探索下面的問題，花些時間靜下來思考ikigai的概念[15]。

- ikigai的概念是如何引起我的共鳴？在我的生活中，哪些組織力量是讓我保持腳踏實地、與意義感保持連結並幫助我應對挑戰的最核心力量？
- 過去幾年我是否確切知道或曾經質疑，自己每天早上醒來的原因？

我擅長什麼事情？

- 哪類事情對我來說比較輕鬆？（這些可以是天賦、技能或性格優勢，我們在第六章曾詳細討論。）即使沒有特別努力，我還是可以出類拔萃的是哪些事？
- 其他人要求我幫助他們做什麼？
- 我在哪些方面的工作最得心應手？

我愛什麼？

- 什麼樣的活動會讓我興奮？
- 在「理想」的日子裡，我會做哪些事？
- 如果明天我辭職了，我會做什麼（即使沒有報酬）？

- 我永遠不會厭倦做什麼？

這個世界需要什麼？

- 覺得這個世界上缺少些什麼或存在著什麼不公平？
- 我最喜歡解決哪類型的問題？
- 什麼樣的想法和人物對我最具啟發性？
- 我可以做些什麼來幫助我的社區？

我可以獲得什麼獎勵？

- 我的工作（或我的生活方式）讓我有成就感嗎？
- 我目前有能力養活自己和滿足自己的需求（包括家人的需求）？
- 我真正想做的是什麼類型的工作？
- 如果錢不是問題，我會選擇做什麼？
- 我可能會做哪些是我永遠都不想退休的工作？

現在把上面的反思轉換到下面空白的ikigai圖：

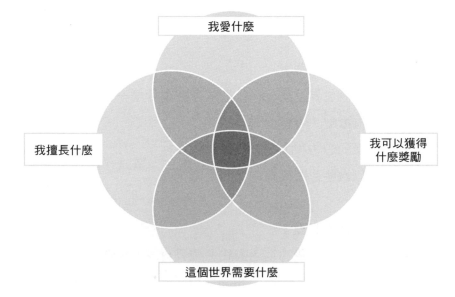

- 反思從這個練習中出現的主題，關注這些問題的結合點 （縮小你的ikigai）。請記住，一個人的ikigai可以是動態 的，在我們的生活中呈現出新的面向。
- 為了讓自己的生活更符合ikigai，我可以做些什麼？我 怎樣才能每天或至少每週關注我的ikigai？

　　我們懇請您與其他人進行一次關於ikigai的對話；問他 們早上醒來的原因，並考慮向他傳授這個理念。

你的疫情故事是什麼？

在未來的幾十年裡，COVID-19時代將為地球上所有經歷過這段時間的人提供一個共同的參考點和語言，讓他們能夠相互連結、分享故事，並產生共鳴。無論是在飛機上與陌生人交談、在餐廳與同伴共進晚餐、初次約會的素材、有朝一日為孫子們說故事，這些都將成為我們的開場白：在我們餘生中，可能都會談論這一歷史時刻，以及它如何改變了我們。

故事將我們連結在一起，強化了我們的使命感，並為我們提供前進的道路，縮小我們所處的現實與所想像的現實之間的差距[16]。它們可以幫助我們將生活中的黑暗融入我們的敘事中，甚至從黑暗走出並成長。在這個練習中，我們為你提供了一個空間，讓你反思最近的挑戰，並以誠實、注重成長的方式寫下這些挑戰。請思考下面的敘述：

- 我如何看待我們每個人從自己經歷中創造意義的力量？
- 我們如何掌握自己的敘述，講述只有我們才能講述的人生故事？
- 我們怎樣才能清楚地表達這段時間的影響，並將悲劇、世俗、困惑和美麗這些有時相互對立的感受和經歷調和成一個連貫的故事？故事是否必須具有凝聚力？

- 我們該如何認識、提升和尊重自己故事中的這些內在矛盾，從而更深刻地理解我們複雜的人性？

正如艾蜜麗・埃斯法哈尼・史密斯所說：「直面苦難並不是一件容易的事，在我們的文化也不鼓勵這樣做，因為我們過分重視幸福。講述或改變我們的故事需要時間，這可能是一個痛苦的過程。但是如果我們想走出COVID-19時代的破碎，並走向新的完整性，這是一個必要的過程[17]。」

練習

寫下你在疫情期間的故事。想一想發生了什麼事，這段時間所經歷的事件是如何改變了你，以及你想從這次事件中吸取什麼教訓，並與他人分享。以下是一些建議和提示，可讓你的敘述更加流暢。你可以隨意使用或完全不使用它們；最後，說出你的故事。

- 考慮從一些實際的細節開始：當你聽說所在社區開始檢疫隔離限制時，你在哪裡？感覺如何？你去了哪裡？最初那段時間對你來說是怎樣的？你的疫情經驗是否經歷了不同的階段？
- 思考疫情對你的改變。你失去了什麼或失去了誰？如果

有的話，你得到了什麼？如果沒有發生疫情，這段時間可能會產生什麼結果？

● 最後，你可以花些時間思考你的未來故事。疫情過後，你想過什麼樣的生活？想成為什麼樣的人？

考慮把你的故事寫出來。記住，這是你的故事，想怎麼講就怎麼講。你也可以邀請其他人、朋友、同事或同儕來寫他們的疫情故事，並與彼此分享。如果你覺得這種練習對你很有幫助，可以重新審視前面的提示，並將大流行病替換為您生活中的任何創傷或改變生活的事件；你是自己故事的作者。

你將遺留什麼給世人？

雖然肉體的死亡會摧毀我們，但死亡的觀念卻可以拯救我們。

——歐文・亞隆（Irvin Yalom）[18]

疫情生活中最令人不安和潛在的創傷性特徵之一，是地球上有如此多的人突然失去了生命。在疫情初期，COVID-19感染者的失代償速度如此之快、如此之大；太多的人在沒有親人陪伴的情況下失去了生命，根本沒時間和警告來充分處

理或表達他們的願望或遺言。太多的人不是死於COVID-19，而是死於拖延必要的醫療保健所造成的相關後果，抑或是死於藥物過量或自殺等絕望狀況。

在閱讀本書的你，正選擇了一條成長之路。這種成長的一部分就是尊重和思考自身的死亡，以此來挖掘我們在地球上寶貴時間的意義。儘管聽起來有些病態，但許多研究已經證明，對死亡的認識和沉思，會導致更多的助人為樂和可持續發展的行為，以及更好的健康選擇，例如使用更多的防曬乳、降低吸菸次數和進行更多的體育活動[19]。即使在實驗室內，如果研究參與者有機會對自己的死亡進行一段時間的反思，他們往往會表現出向自我接納、親密關係和社區價值觀的轉變，而遠離金錢、形象和受歡迎程度等以地位為導向的價值觀[20]。

歐文・亞隆曾研究過幾個瀕死之人，他注意到這種經歷會讓他們對人生徹底改觀。他看到因對抗死亡而促使人們重新安排生活的優先順序、產生解放感、強化活在當下的感覺，並且開始懂得真確地去欣賞和接受生命的基本事實（如季節變化、落葉），加深與所愛之人的溝通，減少人際交往中的恐懼[21]。

讓我們以開放、好奇、深刻反思、謙遜和自我疼惜的態度來探索自己的死亡，並反思我們希望留下的遺產，以便我們現在就開始按照這份遺產來生活。

練習

花一些時間深入思考，並思考以下的問題：

- 遺產意謂著什麼？我希望自己留下什麼給世人？
- 迄今為止，我一生中最引以為豪的是什麼？我還希望實現什麼目標？
- 我對生活中的哪些事情會說「是」？哪些會說「不」？
- 我一生中最珍視的角色是什麼？（想想你在家庭、朋友、工作、愛情等方面扮演的各種正式或非正式的角色。）我還想扮演哪些角色？
- 我對什麼事情最有熱情和熱中？（我的ikigai是什麼？）
- 我希望我的親人在我生命結束時如何評價我？
- 我希望在我死後，我的生命如何得到紀念或慶祝？

綜合這些思考，寫下你自己的訃聞（大約一到兩段）。想想在生命的盡頭，你希望它是怎樣的，以及你希望最親近的人如何記住你。不要批判或審查自己。（如果你不熟悉訃聞的結構，可以參考當地報紙的訃聞。）

我的訃聞

```




```

　　看看我寫的東西，是否在正軌上？

- 如果明天我真的死了，會後悔什麼事情還沒有做？
- 在知道我們中的任何人明天都可能死去的情況下，我該如何以不同的方式過生活、以不同的方式待人？
- 此時此刻，我怎樣才能開始繼承這份遺產？

第八章

成為超越者

真正的神祕主義者——来自禪宗僧侶，現在也来自人
文主義和超個人心理學家——給我們上的重要一課，
那就是神聖存在於平凡中，它存在於日常生活中，
存在於鄰居、朋友和家人間，存在於自己的後院。
——亞伯拉罕·馬斯洛，《宗教、價值觀和顛峰歷程》
（*Religions, Values, and Peak-Experiences*）

　　超越的概念有很多說法。事實上，亞伯拉罕·馬斯洛在
一九六九年發表的一篇題為「超越的各種意義」（Various
Meanings of Transcendence）[1]的論文中，對這個詞給出了三
十五種不同的概念。本章中，我們將重點討論我們稱之為健
康超越的概念，並幫助你在自己的生活中培養更多的超越。

　　現在很多人都在努力超越，但是卻在沒有先行建立健康
基礎的情況下就開始做了。例如，許多人相信瑜伽養生法和
每週的冥想課程，會以某種神奇的方式滿足我們在本書中所
討論過的其他基本需求。正如正念減壓計畫（MBSR）的創

始人喬恩・卡巴金（Jon Kabat-Zinn）所說：「無論何往，即是所在。」（Wherever you go, there you are）[2]。例如，如果一個人對自尊的需求嚴重匱乏，那麼這個人就會不斷地尋找滿足需求的方法，即使這涉及到追求「更高」的精神修行。

　　自心理學誕生之初，該領域的創始人威廉・詹姆士（William James）就指出，精神有可能成為自我提升的工具，我們稱之為「精神自戀」[3]。事實上，許多研究發現，任何能夠提高我們自我意識中心地位的技能，就能滋生出對自我提升的關注。這個原則被稱為自我中心原則，而矛盾的是，它也適用於自我超越領域！我們很容易自欺欺人，以為自己在成長整個自我，但實際上我們只是在成長自己的自我。這點我們稱之為偽超越[4]。

　　那麼，什麼是健康的超越呢？健康的超越並不是要比別人更有悟性，而是要更真實地對待自己，並與世界形成合力。對我們有益的事情，就是對別人也有好處。我們喜歡做的事，甚至是我們被要求去做的事，都會對他人產生積極的影響。自我與世界之間有著密切的連結。我們不會選擇自己而忽略他人，也不會選擇他人而忽略自己。自我與世界是和諧統一的。正如同馬斯洛在其最後一次公開演講中所說，我們的最高價值和目標「同樣存在於外部和內部：因此，〔它們〕超越了自我的地域限制[5]」。

　　換句話說，健康的超越與其說是縱向的，不如說是橫向

的。它是指以平和的心態、智慧和仁慈之心直面人類的現實處境，並利用我們所擁有的一切來實現最好的自我，從而幫助提高全人類的標準[6]。有了健康的超越，我們就完成了整合整個自我的內在工作，包括我們的匱乏動機，使它們不再主宰我們在這世上的行動。我們以自己的方式看待世界，我們所看到的可以是非常美麗的。

很多人不知道，馬斯洛在生命的最後階段提出，超越是超越自我實現的人類最高動力。他寫道，自我實現只是通向超越的橋梁[7]。當時他正在研究「Z理論」，認為那些在這種世界觀指導下生活的人表現出「二分法的超越性」：他們超越了看待世界非黑即白的方式，將看似對立的事物（如善與惡、心靈與頭腦）視為一個更大整體的一部分[8]。他還認為，以Z理論為指導的人的動機是他們的「B價值」（或存在價值）：我們從滿足這些價值中獲得內在滿足的最高價值觀。他列出B價值包括諸如追求真理、善良、美麗、正義、意義、有趣、活力、卓越、簡單、優雅和完整等。

最後，馬斯洛認為，Z理論所激勵的人是「超越體驗」的追求者。在超越體驗中，個體可能會全神貫注，體驗到豐富的感知、物理時空的迷失、自我的超越、恐懼、焦慮或抑制感的瞬間消失；審美、驚奇和臣服的傾向增強；以及與世界融為一體。

馬斯洛將我們在日常生活中發現奇蹟的能力稱為「高原

體驗」，並認為它們是超越體驗最強大的泉源。事實上，並非所有事情都必須是「顛峰體驗」，我們常常會過於專注於追逐高峰，以致錯過了身邊已經存在、已經見過很多次的美。我們可以通過在日常生活中更多的品味、感恩、敬畏和流動，來體驗這些日常的超越體驗。

馬斯洛是如何稱呼這些持有Z理論世界觀的人呢？他稱他們為超越者。本章中，我們將幫助你成為超越者。當我們乘風破浪，開始看到生命中成長的海岸線時，這最後一章旨在引導你體驗深刻、神祕，以及將我們與人類同胞和宇宙融為一體的東西。正如積極存在主義心理學家王載寶（Paul Wong）及其同事所說：「無論你是過著享受特權和奢侈的生活，還是生活在貧困或創傷性壓力的環境中，所有通往治癒和繁榮的途徑都涉及自我超越這一核心機制[9]。」

我們走吧！

享受生活，品味人生

幸福不在於事物本身，而在於我們對它們的品味。
——法蘭索瓦・德・拉羅希福可（François de La Rochefoucald）

弗雷德・布萊恩（Fred Bryant）和約瑟夫・維洛夫

（Joseph Veroff）在他們的奠基之作《品味人生：正面體驗的新模式》（*Savoring: A New Model of Positive Experience*）中，向讀者介紹了「品味」的強大理論和科學。「品味」被他們稱為應對生活的「積極對應物」（positive counterpart），它調節了「一個人生活的客觀條件」和「我們從這些體驗中獲得快樂或滿足的程度」之間的關係[10]。

品味是一種有意識的過程，它利用思想、行為和情感來延長積極體驗的持續時間、強度和欣賞程度[11]。它是一種有效的機制，通過它，我們可以積極地將積極的體驗——即使是最簡單的體驗，如享用一杯咖啡、洗個熱水澡或與朋友交談——轉化為積極的存在狀態，並能緩衝焦慮、抑鬱和神經質的負面影響[12]。

有許多研究表示，品味是一種重要機制，可以從戀愛關係[13]、親子關係[14]和與大自然的接觸中獲得幸福感[15]，甚至可以克服癌症和其他潛在的創傷性事件[16]。事實證明，品味可以提高日常積極事件較少之人的幸福感[17]、預測老年人抑鬱症狀的減少[18]，並與老年人和青少年積極情緒和生活滿意度的提高有關[19]。

對我們許多人來說，僅僅擁有積極的體驗並不一定意謂著我們會自動從中獲得積極的情緒。這種途徑需要集中注意力、正念和後設認知（meta-awareness）[20]——一種對我們自身意識的察覺——這些都可以透過練習來培養。

　　品味還需要我們重新調整自己的觀念，即生活中哪些事情會給我們帶來最大的快樂和滿足。人類通常會傾向於認為，人生中具有紀念意義的重大事件，如疫情「結束」、工作獲得大幅加薪、生育孩子、遷居國外，這些都會給我們的幸福感帶來最大的提升。但是，比這些里程碑事件（反映了我們在第三章中討論過的「我會很高興⋯⋯」綜合症）更重要的是，充分利用日常小事的機會，在看似平凡的時刻發現快樂、深奧和複雜的事物。

　　我們可以細細品味即時所發生的事件：例如，從持續不斷的新聞報導中尋找片刻寧靜，洗個泡泡浴，進行一次身歷其境的遠足，與家人和朋友共進假日大餐，享受美好時光，或是在早晨上班途中品嘗秋日的新鮮空氣。我們可以回憶或品味過去發生的事情，比如回顧國外旅行、翻閱家庭相簿或舊年鑑、與老朋友重逢。我們甚至可以品味尚未發生的事件！通過一種叫做「期待」的過程，我們可以幻想下一次度假的情景，或者品味參加下一次現場表演的感覺，想像低音在胸膛迴盪的感覺，讓那種在成千上萬的陌生人面前盡情歌唱、盡情舞動的集體感覺——自在感覺——滲透我們內心。

　　請仔細閱讀下文的敘述，這些陳述來自布萊恩博士的「品味信念清單」[21]，可以讓你確認自己最常用的時間品味方式。對於三個類別中的每一類（期待未來、享受當下、回憶過去），統計一下左欄中你同意的陳述數量和右欄中你不同

意的陳述數量。每個類別中標註的語句數量越多，說明你越
傾向於以這種方式品味生活。

期待未來	
同意：	**不同意：**
❏ 我從期待中獲得樂趣。	❏ 我不喜歡有太多期待。
❏ 我能感受到期待的喜悅。	❏ 期待是浪費時間。
❏ 我可以在事件發生之前享受它們。	❏ 我很難事先興奮起來。
❏ 我能夠透過想像事情的結果而感到快樂。	❏ 當我預期有好結果時，我會感到不安。
享受當下	
同意：	**不同意：**
❏ 我知道如何充分利用美好的時光。	❏ 我發現自己很難保持良好的感覺。
❏ 我能通過自己的努力來延長享受的時光。	❏ 在享受當下的過程中，我是自己「最大的敵人」。
❏ 我覺得自己完全能夠欣賞美好的事物。	❏ 我似乎無法完全捕捉幸福時刻的喜悅。
❏ 我想享受時，覺得很容易。	❏ 我不能盡情享受生活。
回憶過去	
同意：	**不同意：**
❏ 我喜歡回憶快樂時光。	❏ 我不喜歡日後再回憶起以前的快樂時光。
❏ 回憶過去，我會感到快樂。	❏ 當回憶過去，我會感到失望。
❏ 我喜歡儲存記憶，以便日後回想。	❏ 回憶只是在浪費時間。
❏ 我發現從快樂的回憶中重新燃起快樂很容易。	❏ 我覺得最好不要回憶過去的快樂時光。

反思：

● 在享受的三種時間形式（期待未來、享受當下、回憶過
去）中，哪一種我做的最自然？

● 最近一次以這種方式享受生活或品味人生是什麼時候？
我做了什麼？

除了前面討論的三種享受生活、品味人生的時間形式之
外，布萊恩和維洛夫還討論了我們在生活中遇到的四種主要
的品味過程。每種類型的品味都涉及一種關注焦點，這種焦
點若不是內部的（關注自我），就是外部的（關注世界），
以及顯著的認知（涉及思考）或體驗（涉及做事）。後面的
表格總結了這四個過程。

享受的四種主要形式[22]		
	內在的自我	**外在的世界**
認知反思 **（思考）**	**感到適意（驕傲）** 樂於接受讚美、驕傲和祝賀。 如享受烹飪美味佳餚的餘韻 或打掃房間後的滿足感，在 工作中發表精采的演講，思 考自己做為父母的成就感。 負面對應：自責。	**感恩（感謝）** 體驗並表達愛意。 如與母親共度午後時光，為 你們擁有如此美好、親密的 關係表達感激之情；給啟發 你走上職業道路的老師寫一 封感謝信；每天在餐桌上分 享對一件事物的感激。 負面對應：懷恨在心。

體驗吸收（實做）	奢華（愉悅）	驚嘆（敬畏）
	充分調動感官，獲得內在的心愉悅體驗。 如享受輕鬆的泡泡浴或按摩；慢慢地一口一口的享受美食；沉醉於美酒佳餚；享受親密的性接觸。 負面對應：折磨、痛苦／不適。	讓自己沉浸在崇高壯麗、驚奇、敬畏和崇敬的體驗中。 如在雷雨中走到戶外，驚嘆天空的變化；登上山頂，從高處觀察地球；在晴朗的夜晚凝視滿天繁星；徒步穿越古老的紅杉林。 負面對應：恐怖。

反思：

- 在四種類型的享受中（曬太陽、奢侈的生活、感恩和驚嘆），我本能的最傾向於進行哪一種？
- 最近什麼時候以這種方式享受過？我做了什麼？

　　布萊恩和維洛夫為我們提供了培養享受能力的十種方法[23]：

提升享受的策略

1. **與他人分享。**尋求他人分享我們的經驗，可以增強自身的正面情緒。我們可以告訴家人、伴侶或朋友，自己有多麼珍惜此刻，用欣賞之情「感染」所愛的人。透過品嘗美食、親密時刻或任何珍貴的共享經歷，建立一種儀

式。

2. **積極的建立記憶。**主動停下來拍攝布萊恩所說的「心靈照片」，即儲存在我們腦海中以便日後回味的生動記憶。不需要拿出手機；相反地，這些是深植在腦海中的影像，並且說：「我想記住這個時刻，以後每當我有壓力時，就能夠回到這一刻。」

3. **自我祝賀。**我們中的許多人在陶醉於自己的榮耀時會感到非常尷尬，因為謙卑是一種力量，沒有人喜歡吹牛者！不過，我們可以放慢腳步，讓我們的努力和成功沖刷我們，並與能夠分享喜悅的人分享我們的成就。慶祝小小的勝利，比如設定健康的界限，甚至優雅地失敗！

4. **提升你的感官。**在愉快的活動中放慢腳步，調動我們所有感官：視覺、嗅覺、聽覺、觸覺、味覺、自感作用（對身體運動的感知）和內感受（對身體內部感覺的意識：心跳、呼吸、飢餓感、飽足感等）。緩慢的飲食，細細品味所有的質地、味道和氣味；體會洗熱水澡時皮膚的感覺，感受熱水讓我們的肌肉放鬆，以及流水聲是如何讓我們的身心平靜。

5. **使用你的身體。**歡呼雀躍、放聲大笑、擊掌（或擊肘擊、拳擊）、與他人共舞、擁抱正面的事件。使用我們的整個身體，有助於加深和傳播這些體驗。

6. **讓自己全神貫注。**雖然品味需要一段時間的後設覺察，

來積極地發現我們的正面體驗,並將其轉化為正面的情緒,但是我們也必須讓自己與體驗融為一體,進入流動狀態,然後沉浸其中。我們可能不希望在晚宴上打斷全神貫注的談話,中途停下來說:「這個宴會多有趣啊?!」注意不要讓善意的品味嘗試打斷氣氛。

7. **依賴負面比較**。與其不斷將自己與那些似乎擁有一切的人、我們最理想的表現或我們最大的努力進行比較,我們不妨與那些比我們擁有更少的人進行比較、與那些日子比我們更糟糕的人進行比較,或者與那些如果失去了現有財富、生活會是什麼樣子的人進行比較。我們都聽過「那邊的草總是更綠」這句話。我們也可以相信,在我們澆灌的地方,草會更綠。我們可以選擇把注意力放在那裡。

8. **細數你的祝福**。無論我們現在身在何處,總有值得感恩的地方。在我們說出當前處境中的所有問題之前,可以先關注眼前的祝福。可以寫一本感恩日記,或與他人分享祝福,幫助我們細細品味。

9. **避免杞人憂天的想法**。我們應該數數自己的福氣,同樣重要的是,也可以利用這些福氣做為彈藥,來抵銷我們生來就有的關注負面事物的傾向。不幸的是,發生的負面事件可能會對我們的大腦造成極大的傷害,因此,需要刻意地努力和關注來對抗這些基本的進化本能。

10. **記住，它不會永遠持續下去**。我們生命中最珍貴、最快樂的時刻，往往轉瞬即逝（這也是它們如此特別的原因之一）。了解到這點，我們就可從中汲取盡可能多的意義和正面情緒，並且記住，即使它們結束了，這些回憶也會常駐心中，留待未來仔細回味。

練習

1. **創造自己的品味儀式**。根據自己選擇的時間形式和品味類型，為自己的品味體驗做好準備。此外，從前面的清單中至少選擇一項策略，以提升品味。這裡有些例子供你參考：

   ● 如果你是一個天生的追憶者，並傾向於感恩，你可以拿出一本老相簿，花至少十五分鐘翻閱，帶著感恩之情去回味這段時光。讓你的孩子、伴侶、父母或兄弟姊妹與你一起做這件事，與他人分享你的品味策略。你甚至可以打電話給你遇到的親戚，與他們分享你的感恩之情。

   ● 如果你是一個預知者，喜歡驚嘆，那麼請至少花十五分鐘想像自己在未來想前往旅行的地方。想像自己在那裡做一切想做的事（如觀光、遠足、坐在海邊聽海）。你甚至可以打開 Google 地圖，放大這個地方，或者搜索這個目的地的影像，直觀地感受那裡的風景，讓自己在

家就能身臨其境。甚至因此受到啟發，從而開始計劃你的旅行！讓自己完全沉浸在這項活動中。

● 如果你最喜歡品味當下、享受奢華，可以考慮給自己準備一個泡泡浴，在浴缸中泡上至少十五分鐘。充分調動你的身體和所有感官；注意周邊的氣味、身體的感覺、平靜的感覺對呼吸和心率的影響。將手機留在另一個房間，或調成靜音，除了輕鬆的音樂外，沒有其他聲音；然後鎖上門、點上蠟燭，全身心沉浸其中。

2. 讓享受生活和品味人生成為你的日常習慣，持續兩週或更長的時間。研究顯示，雖然不同的品味干預措施的益處沒有顯著差異，但有效性的強度與介入的長度和頻率有關[24]！此外，參與對我們個人最有意義的品味活動也很重要。品味的方式沒有對錯之分。

3. 反思：如何通過品味的練習來擁抱正面的事物，從而使自己能夠更加的活在當下、更加的專注，並且能夠全心投入到日常生活中？我怎樣才能通過這些實踐來幫助身邊的人？

培養感恩的心

> 我想說，感恩不僅是對人生悲劇的最佳回答，也是
> 對生活本身最好的態度。
>
> ——羅伯特・所羅門（Robert Solomon），
> 《懷疑論者的靈性》（*Spirituality for the Skeptic*）

　　我們希望現在大家已經很清楚，本書中的練習旨在尊重人類的整體經驗，而不是不惜一切代價擁抱積極的觀點——一些心理學家稱之為「毒性正能量」[25]。正如感恩研究者羅伯特・埃蒙斯（Robert Emmons）所指的，「否認生活中有失望、挫折、損失、傷害、阻礙和悲傷是不現實的，更是站不住腳的。生活就是苦難。再多的正向思考練習也無法改變此一事實[26]。」

　　悲劇性樂觀主義是對有毒積極性的解毒劑，這是存在主義、人文主義心理學家和大屠殺倖存者維克多・弗蘭克爾（Viktor Frankl）[27]所創造的一個短語。悲劇性樂觀主義是指在人類生存不可避免的悲劇中尋找意義。正如羅伯特・埃蒙斯和羅賓・史特恩（Robin Stern）所指出的，「真正的感恩是為他人歡欣鼓舞。它的終極目標是通過創造性地尋找給予的機會，回饋自己所得到的善意[28]。」這些研究結果強調，感恩可以成為一種應對的方法或「治癒的力量」[29]。事實上，研究表示，經常練習感恩會對心理健康產生許多積極影

響，如降低罹患抑鬱症、焦慮症和藥物使用障礙的風險[30]。

假設我們可以利用生活中的挑戰做為感恩的管道，重新認識生活中的許多基本優勢，而這些優勢往往被我們認為是理所當然的。正如吉爾伯特・基思・卻斯特頓（G. K. Chesterton）所說：「除非認識到事物可能並非如此，否則我們無法意識到事物確實如此。」事實上，一些研究發現，面對危及生命疾病的人表示，他們對生命本身的感激之情增加了，而一些最懂得感恩的人經歷了一些最困難的經歷[31]。

感恩生活網路執行董事克里斯蒂・尼爾森（Kristi Nelson）在三十三歲時親身經歷了死亡，因當時她被診斷出癌症，並接受了多次手術、化療和放療。儘管如此，她一直在尋找培養感恩之心的機會：

我在醫院裡，與所有的朋友和家人分離，身上插滿各種靜脈注射，與疼痛搏鬥。然而，每天都有護士、技術人員、醫生和清潔工進入我的病房。記得當時我在想，如果這就是我現在的整個世界，如果這就是我所擁有的一切，那該怎麼辦？然後我又想，我可以永遠愛這些人。

尼爾森將感恩和感激區分開來，前者是一種瞬間感覺良好、自我滿足的反射性情緒；後者則是一種「對生活的總體定位」、「它並不取決於發生在我們身上的某些事情，而是

我們到達生活的一種方式[32]」。做為人類的一部分，我們會對過去的痛苦有一閃而過的記憶，然後漸漸淡忘，並開始認為現在的生活是理所當然的。但是正如尼爾森所說：「我們要做的工作就是記住比忘記更多的事情。」

存在主義的感恩

即使是在淤泥和渣滓中，也總有一些東西在歌唱。
──拉爾夫・沃爾多・愛默生（Ralph Waldo Emerson）

麗蓮・詹斯─貝肯（Lilian Jans-Beken）和王載寶創建了一個「存在感恩量表」，來強調我們可以對人類存在的一切心存感激，而不僅僅是積極的一面。請閱讀以下內容：

- 即使在苦難時，我也對自己的生活心存感激。
- 我很感激我的內在資源因克服逆境而增加。
- 我感謝生命中的每個人，即使是那些帶給我很多痛苦的人。
- 我很慶幸，我有自己的人生目標，儘管生活對我來說非常艱難。
- 我很慶幸，每一次危機都是我成長的機會。
- 我在苦難中學會了感恩的重要性。

研究人員發現，存在感恩與「精神幸福」（對個人精神生活品質的認知）有關，而且這種關聯取決於是否存在創傷後壓力症候群（PTSD）的症狀：症狀越嚴重，感恩與精神幸福間的關係就越密切。這一點尤為重要，因為它意謂著即使存在精神疾病的症狀，成長和幸福也是可能的，甚至更有可能！苦難並不會妨礙成長，它實際上還可能會促進成長。考慮到感恩與精神都被證明是對抗焦慮和抑鬱的保護性因素，這個發現也是非常重要的[33]。

感謝做為一種情緒可以來來去去，但感恩（或「存在感恩」）卻可以貫穿我們的整個存在。它不求任何東西，卻能在一切事物中發現它。正如克里斯蒂·尼爾森所說：「積極的思維會說杯子是半滿的，然而沉悶的思維卻會說它是半空的。感恩幫助我們更好地享受杯中物。但是，感恩可以幫助我們更加專注於擁有一個杯子的根本事實，充分利用我們所擁有的杯子，並確保我們周圍的人也擁有一個杯子[34]。」

練習

閱讀每項陳述，思考你同意的程度：

- 我怨恨生活對我的不公。
- 我希望自己從未出生。

● 我仍然對發生在我身上的所有不好經歷感到痛苦。

研究發現，這些敘述與存在感呈強烈的負相關關係[35]。換句話說，那些同意這些敘述的人往往較少存在感激之情。生活是痛苦的。這是存在的必然[36]。

其他研究顯示，自戀和憤世嫉俗是感恩的強大抑制因素，被稱為「感恩的竊賊」[37]。即使在控制了最基本的感恩階段之後，自戀和玩世不恭也會形成惡性循環，並隨著時間的推移與感恩呈負相關。

反思：

1. 雖然可能無法對發生在我身上的一些可怕的事情心存感激，但我該如何重塑我的一些負面的生活經歷？與其對他們心懷怨恨，我可以怎樣傾聽這些經歷，而讓自己變得更強大、更睿智、更富有同情心，成為一個完整的人？

   ● 在我身上增加了哪些內在資源？
   ● 我是如何從經歷過的痛苦中成長？
   ● 我在哪些方面仍在成長？
   ● 自經歷痛苦之後，哪些價值觀對我變得更加重要？

2. 與其覺得自己有權獲得幸福和過著完全沒有痛苦的生活，甚至憤世嫉俗地期待一切都會出錯，不如想想我可以透過

哪些方式對人類生存中不可避免的曲折，產生更多的感激之情？我會以什麼方式去感激我從一開始就已擁有了許多人類智慧的結晶，而不是一直執著於它是樂觀或悲觀？

3. 請閱讀這段由菲力普·科佐里諾（Philip Cozzolino）及其同事創作出的短文：

想像你正在拜訪一位住在市中心舊公寓二十層樓高的朋友。半夜時分，你突然被尖叫聲和嗆人的煙味從睡夢中驚醒。你把手伸向床頭櫃，打開燈。驚訝地發現房間裡彌漫著濃濃煙霧。你跑到門口，伸手去拉把手。把手的高溫猛烈地燙傷了你，你痛苦地往後退。你從床上抓起一條毯子做為保護，勉強轉動把手開門。幾乎就在同時，一股巨大的火焰和濃煙隨即衝進房間，把你撞得連連後退，站都站不穩。你根本無法離開房間。呼吸越來越困難，火焰的熱氣讓人無法忍受。驚慌失措的你慌忙跑向房間裡唯一的窗戶，試圖打開它。當你掙扎求生時，發現這扇舊窗戶的邊緣幾乎都被油漆封死，紋絲不動。你的眼睛幾乎睜不開，被煙霧熏得滿是淚水。你試圖大聲呼救，但稀薄的空氣無法傳遞你呼喊的聲音。你跌坐在地上，希望能躲過升騰的濃煙，但為時已晚。房間裡從上到下布滿濃煙，幾乎全是火焰。你的心怦怦直跳，時間彷彿靜止了，你突然意

識到自己離死亡只有幾秒鐘的距離。一直在等待著你的不可避免的未知終於來臨了。你氣喘吁吁、渾身無力，只能閉上眼睛等待生命的結束。

- 詳細描述你在想像該情景時感受到的想法和情緒。
- 如果真的經歷了該事件，你認為自己會如何處理最後的時刻？
- 在想像該情況確實發生在身上後，描述你在此之前的生活。
- 如果這真的發生在你身上，你覺得你的家人會做何反應？

菲力普‧科佐里諾及其同事創造了「死亡反思」的情景，目的是與具有「死亡率顯著性」或只是意識到自己死亡的其他情景形成對比[38]。研究人員發現，這種死亡反思練習產生內在的、無私的行為，而在某些情況下，死亡的顯著性實際上會導致貪婪的增加！其他的研究發現，與被隨機要求想像醒來「開始另一個典型的一天」的參與者相比，被隨機分配參與這種死亡反思練習的人，對自己的生活表現出更多的感激之情[39]。因此，這似乎是有價值的某種更深層次的反思。

感恩我們早上能夠醒來

當我們早上醒來，體驗到一種感激之情，只是因為
我們還活著。我們的心和感官向新的一天的恩賜和
機會敞開，這是一種更激進的感恩方式，它不取決
於發生在我們身上的事情，而是我們走向生活的一
種方式。

——克里斯蒂·尼爾森（Kristi Nelson）[40]

作家史蒂芬·金（Stephen King）每天早上在六點起床
前，都會在心裡記下他所感激的一切，「這是開始新的一天
的好方法，因為你有機會回顧自己當前的生活和現在的狀
態。」我們很容易將生活中最持久、最本質的東西視為理所
當然。

練習

克里斯蒂·納爾遜建議每天早上進行以下的感恩練習，
「當你早上醒來時，甚至在起床之前，停下來想想你要感激
的五件事。它們可能是：我的肺在呼吸。氣溫舒適。我做了
一個有趣的夢。我的眼睛可以睜開。我能夠把腳放在地板上
並走出房間。這裡有我愛的人。我還在這兒。你正在召喚那

些你不需要做任何事就能獲得的東西，這提醒你這天是一份
禮物[41]。」

　　你可以把這些寫在日記或手機的記事本裡，與朋友、同
事或伴侶討論，或者只是靜靜地冥想。

預期的感恩之心

練習

　　如果你在目前的情況下難以表達感激之情，那將自己投
射到未來，想像一下當你的情況發生變化時，你會多麼感
激。反思：以1（完全沒有）到7（非常有）的等級，評估你
預計在未來兩到三個月內感到感激的程度。這段經歷會讓你
感激什麼？

　　羅伯特・埃蒙斯發現，在COVID-19流行期間，這項練
習對人們來說非常有效。正如他在私人信件中告訴史考特，
「這種思維方式提供了一個全新的視角，讓我們明白無論生
活中發生什麼、選擇感恩意謂著什麼。這是一種無畏的態
度，堅持無論如何，感恩是最好的生活方式。感恩的彈性讓
我們對過去、現在和未來充滿感激。很少有情緒能有這麼長
的弧度。」

尋找心流

我們生命中最美好的時刻不是被動、接受、放鬆的
時刻……最美好的時刻通常發生在一個人的身體或
心靈於自願的努力下達到極限，完成一些困難但有
價值的事情時。

——米哈伊‧奇克森米哈伊（Mihály
Csíkszentmihály），一九九〇

你還記得最近一次你感到「出神」的時候嗎？當你全神
貫注於正在做的事情時，以致忘了時間，並用你所有的心智
能力——思想、感覺和意圖——都集中在一個目標上？也許
你深深地沉浸在這項活動中，以至於你的行動和意識完全合
而為一；你可能忘記吃飯或上廁所了，我們敢說，你連手機
放在哪都忘了……換句話說，你完全沒有意識到自己[42]。

請注意，我們這裡說的是積極參與的狀態，而不是簡單
地在社交媒體上瀏覽或追著《大英烤焗大賽》（The Great
British Bake Off）的劇情。沉思片刻，試著回想曾讓你進入
這種存在狀態的活動，已故的傳奇心理學家米哈伊‧奇克森
米哈伊將這種狀態稱為「心流」（flow）[43]。

通常，當我們做有內在動機的事情時，會進入心流狀
態：我們為了它本身而做的事，因為我們喜歡它（你可能會

在你的ikigai中找到心流）！手上的挑戰必須與足夠的技能水準相匹配；我們不會太興奮或不知所措，以至於身體感覺到危險，並進入戰鬥或逃跑的模式，不會成為主宰任務卻陷入無聊的主人。我們還必須了解遊戲的「規則」，以便獲得有關我們表現的某種回饋。最後，我們必須完全沉溺其中；當陷入分心和干擾時，就無法進入心流的狀態。

當我們全身心地投入到一項活動中，而不去思考時，就沒有多餘的精力去自我審視。可能會發現，我們的自我意識在逐漸消失。當我們透過共同任務與他人和諧相處時，可以在自己和群體中找到心流。尋找心流通常需要挑戰我們身心的極限。努力完成一些新的、困難的或有價值的事情；並在每時每刻的過程中發現獎勵。米哈伊・奇克森米哈伊（Mihály Csíkszentmihály）描述了增強心流的八種工具，我們將其總結如下[44]。

練習

控制我們的注意力	心流最大的障礙之一，是我們失去了對低價值、低質量任務（如回覆電子郵件或短信！）的注意力。精心打造你的環境，以優化你對重要任務的注意力。將手機靜音（或是將其放在另一個房間），關閉通知提示，盡可能減少干擾。

敞開心扉接受新的體驗	對不同的體驗持開放態度，如露營、參加一項新的運動、國外旅行或嘗試新的美食。當我們不斷挑戰自我時，就能避免在過度常規化的生活中變得過於自滿。
成為終身學習者	當我們已經掌握了許多技能時，在人生的整個過程中學習和迎接新挑戰，對於找到酣暢淋漓的感覺至關重要。在任何年齡段，我們都可以通過新的目標不斷鞭策自己。
了解何謂心流	我們可能會進入心流狀態，或擁有心流的巨大潛能，只是我們沒有意識到而已。請密切關注並確定我們處於心流狀態的確切時段和活動，並嘗試放大這些活動（並有意排除干擾）。
轉換例行公事	即使在日常活動中，我們也可以找到「輕微心流」的狀態，如鍛鍊、幫他人跑腿、等火車、打掃衛生、坐在教室裡或開會。通過有意識地提高我們的參與度來改變日常的工作，如設置新的挑戰、在腦海中寫歌或寫詩、將家務遊戲化、做筆記或集思廣益想出新的做事方法。
對話中的心流	在對話中制定目標，以便更加地了解交談的對象：她在想什麼？她正在經歷什麼情緒？我是否了解了一些我以前不知道的關於她的事情？將全部的注意力集中在說話者及我們對她所說內容的反應上。用後續問題提示，「然後發生了什麼事？」「你為什麼這麼想？」
聰明的從事閒暇時的活動	考慮讓閒暇時間變得更「聰明」。參與一些活動，把心思完全放在手頭的工作上，例如，不要同時處理多項任務，像是邊做飯邊看電視，而是放點音樂，了解食材和口味。

聰明的去做事情	滿足我們在工作中需要完成的任務，以符合我們的技能、熱情和價值觀。心無旁騖地完成任務，如果可能的話，每小時投入特定的時間來回覆電子郵件或短信，而不是讓它慢慢滲透並打斷流程。

1. 首先，反思一下你之前的心流體驗。或許這是你全神貫注的時候，自我意識和時間觀念發生了重大轉變，你全身心地投入到一項活動中。考慮一下是哪些因素促成了這種體驗。你是自己一個人還是和別人一起？哪些因素（如果有）可能阻礙了這種體驗？考慮如何解決心流的潛在障礙。

2. 接下來，開始讓心流動！考慮到你過去經歷過的促進因素和障礙，有意識地為自己設置心流體驗。

3. 完成心流體驗後，反思以下內容：

   - 我做了什麼？
   - 進展的如何？是什麼促成了心流？做什麼沒有效用？
   - 體驗心流的那一刻感覺如何？後來的感覺如何？
   - 有沒有人跟我分享過這種經驗？下次我可以跟誰分享這段經歷？
   - 怎樣才能定期將更多的心流融入生活中？

體驗敬畏之心

我的同事兼朋友大衛・亞登（David Yaden）專研精神體驗，他將敬畏稱為「每個人的精神體驗」[45]。儘管只有約三分之一的人認為他們已經有了深刻的覺醒，並改變了他們的生活方向，而幾乎每個人都經歷過敬畏：那種由狂喜和深深的敬畏所組成的奇妙而謙卑的情緒，當我們的意識感到開闊時，很難在精神上處理和整合經驗，但是當時間感知發生變化，自我意識減弱，與他人和環境的聯繫感增強，於是我們的皮膚會起雞皮疙瘩[46]。

換句話說，我們會對宏偉的事物感到敬畏，以至於很難完全理解它們。例如，我們可能會對高山、浩瀚的海洋、清澈的星空、峽谷、瀑布或雄偉的大型動物等自然奇觀面前；精湛的藝術、表演或建築；古老文明，或透過宗教、精神和冥想體驗感到敬畏。研究揭示了許多與敬畏體驗相關的正面結果，包括提高生活滿意度[47]、感覺有更多時間去體驗世界[48]、增加對他人的幫助行為和慷慨[49]，以及減少攻擊性態度[50]。更重要的是，我們甚至不必親自或近距離體驗這些令人驚嘆的場景，就能從中獲益；甚至照片或影片也足夠了，這意謂著我們任何一個有網路連線的人都可以感受到敬畏。

練習

1. 首先，回想一下過去你曾經歷過的強烈敬畏感。這些敬畏感可以來自你生命中的任何時候，但時間要近，讓你能夠清楚地記得細節。想想看是什麼特別的事物促成了這種敬畏體驗。換句話說，這次經歷的哪些特徵會讓你產生狂喜或崇敬之情？這些特徵可能包括廣闊的感覺（存在於宏偉的事物中）、適應的需求（或感覺在心理上處理這種體驗是一種挑戰）、時間扭曲、自我貶低（感覺自己在廣袤的宇宙中微不足道）、連通性（有一種與周圍萬物相連的感覺）或特定的身體感覺（起雞皮疙瘩、下巴脫臼、脊背發涼等）。

2. 接下來，在你力所能及的範圍內，有意識地讓自己去體驗敬畏。這可以是任何能讓你感到興奮和觸手可及的事情：在網上觀看自然景觀的影片、早起看日出、觀星、在美麗的地方散步或健行、參觀博物館，甚至是觀看觸動你的現場表演。出去完成這項活動，全神貫注，盡量不要分心，讓自己完全沉浸其中。試著充分調動自己的感官，細細品味這種敬畏的體驗。

3. 完成敬畏的體驗活動後，請思考以下問題：

- 我選擇了什麼？
- 當時的感覺如何？事後感覺如何？
- 我想和誰分享這種敬畏體驗？
- 我怎樣在日常的生活中融入更多的「敬畏」？

過著回答「是的，並且……」的生活

　　根據馬斯洛的說法，超越者的主要動機之一是「二分法的超越」，即超越我們日常持有的虛假二元對立，並將其視為人類更大整體的一部分。我們腦海中可能存在很多二分對立：男性與女性、心靈與頭腦、欲望與愛情、善與惡、國家與全球、個人與集體、自私與無私、仁慈與無情、快樂與悲傷、神祕與現實等等，不勝枚舉……。如果不把它們視為對立面，而是視為一個更大整體的互補部分，那會是什麼樣子呢？超越二分法是智慧的核心，超越者可以被認為是對生活有智慧的人。正如臨床心理學家迪爾德麗・克萊默（Deirdre Kramer）所說：

　　聰明的人學會了如何看待積極和消極因素，並將它們綜合起來，從而創造一種更人性化、更完整的自我意識，包括所有的脆弱和易受傷害……他們似乎能夠先行擁抱，然後超越自我，將他們的內省能力與對人際關係深刻且持久的關

注，以及對他人產生的關心結合起來[51]。

在最後的練習中，我們將使用一種著名的即興表演技巧「是的，並且……」來幫助你培養這種思維方式，或者像即興表演老手安妮·利貝拉（Anne Libera）喜歡稱之為「探索和提高」[52]的技巧一樣。即興表演是一種現場戲劇形式，劇中人物在瞬間共同創造一個場景。即興表演要求思維敏捷、團隊合作、相互支援，不斷提高對話的可能性，充滿自發性和趣味性。如果我們能在日常生活中培養更多這種存在方式，擁有更多馬斯洛所說的「健康的童真」——將童年時的自發驚奇與成年的智慧融為一體，豈不美哉？

「是的，並且」的精神，是探索我們生活中明顯矛盾的重要一課——無論是人與人之間的矛盾，還是我們內心的衝突或矛盾。專業即興演奏家布里奇特·埃里卡·埃拉姆（Bridget Erica Elam）在其關於該主題的碩士課程「是的，並且：探索和提高即興創作中的積極心理學」中，將「是的，並且」描述為「這是一個咒語，幾乎包含了成為優秀的個人即興表演者、優秀的即興隊友和優秀的人的所有要素[53]」。

埃拉姆表示當你回答「是的」時候，那是一種「意識、接受和欣賞」。「是的」表示「我聽到你說的話；我知道你的想法。我想和你做進一步的交流」。請注意，這不一定是「我完全同意你所說的話」。相反地，這是對開始溝通的認

可，是為接下來的對話打下基礎。而當你回答「並且」時，那是一種「代理、自主和行動」。透過「並且」，我們與我們的舞台夥伴構建了一個有凝聚力的故事，接受我們的場景夥伴所建立的現實，並在此基礎上加入自己的視角和對現實的理解。

埃拉姆提供了以下的階段範例[54]：

如果我在場景開始時說：「媽媽，沒有人會邀請我參加舞會。」而你回答說：「我不是你媽媽，我是台攪拌機。」（然後開始轉圈圈，並同時發出呼嚕呼嚕旋轉的聲音），這表示你對我剛剛所說的話說「不」。然而，如果你的回答是「親愛的，當然會有人邀請妳！」，表示你接納了我提出的條件，換句話說，你接收到了「我是你的孩子，你是我的媽媽，舞會即將到來，怎麼辦都沒人邀請我」的求救訊息。這裡要注意的是，你並不同意我的觀點，但是你確實把我的話聽進去了，從而對我說「是的」。

在「是的，並且」中的「並且」，是你做出貢獻的機會。如果「親愛的，他們當然會！」這句話代表贊同的「是的」，那麼你可以透過剛剛回答的內容，在後面加上各種安慰和鼓勵的話來做強調，並為整句話增添價值。「親愛的，他們當然會！妳是學校裡最漂亮的女孩」，或「甜心，他們當然會！你父親是美國總統」，或「親愛的，他們當然會！

媽媽在這口熱鍋上忙活了一下午，我已經對整個高年級學生施了咒語」。你在已經建立的基礎上添加的任何內容，都可以讓你的場景夥伴有所探索和提升。

　　值得注意的是，「是的，並且」規則可以幫助我們承認彼此的真相，同時擁有多種可能性和觀點。說得更明確一點，我們以即興創作的基本原則來做解說的目的，並不一定是要把你們訓練成即興表演者，也不是要激勵你們去當地的喜劇俱樂部報名參加課程（如果你願意的話，我們當然鼓勵你去——這是開啟你們風帆的一種方式！）。我們主要通過即興表演的縮影，來說明「是的，並且」可以在現實世界的舞台上為我們提供力量。

　　日常生活中，我們經常陷入「分裂」的辯護或訴諸「全有或全無」的極端思維（還記得認知扭曲嗎？請參閱第三章進行複習）。然而，透過與自己和他人一起練習「是的，並且」來為不確定性騰出空間，可以幫助我們尊重人類經驗的複雜性和豐富性，不僅容忍，而且擁抱和陶醉於我們生活的複雜性、矛盾性和灰色地帶。

　　這種想法是瑪莎·林納涵（Marsha Linehan）開發的一種認知療法——辯證行為療法（Dialectical Behavioral Therapy, DBT）的核心，它幫助個人接受兩個看似相反的高階治療目標：自我接納（「是的，我正在盡我所能」）和改

變（「我知道我還有很大的成長空間」）。辯證行為療法中的
「辯證法」認為，表面上看似相互矛盾的兩種觀點，可能同
時是正確的。辯證行為療法鼓勵客戶遠離「是的，但
是……」的用語，因為這種語言會削弱一部分經驗，而傾向
於另一部分，再現非黑即白的世界觀。雖然「是的，但
是……」縮小了可能性，將相互衝突的經歷和觀點對立起
來，但「是的，並且」則幫助我們熱情地接受經歷的整體
性；以及確認而不是破壞相互衝突的衝動或感受；從而培養
對自己和他人的互相積極的關注。

　　下面是一些例子，告訴我們在處理和消化自己的矛盾心
理時，如何接受「是的，並且」（而不是「是的，但
是……」）的概念。試想如果用「但是」代替「並且」，這
些句子聽起來如何，我們又會得到怎樣不同的含義。

- 是的：在家工作在很多方面都是一種恩賜，我有能力與
  家人共度更多的時光，並且：我一直努力在工作和家庭
  生活間設定界限，期待著回到辦公室。
- 是的：我很珍惜為人父母，並從孩子身上找到了很多意
  義和快樂，並且：在家上學一直很累，筋疲力盡，我覺
  得完全超出我的能力。我需要休息。
- 是的：我尊重並重視我的老闆，並且：如果我們有更多
  的交流和面對面的時間，我會感覺得到她更多的支持。

我們邀請你提出一些自己的「是的，並且」短語，以表達你現在可能感受到的矛盾心情。

是的：

並且：

是的：

並且：

是的：

並且：

練習

1. 想想最近的一經歷，這些經歷給你帶來了強烈感受，也許是複雜的感覺，或者是矛盾的情緒（比如在剛才提供的情境中）。以書面形式，或是在與夥伴或團體的交談中，反思你的矛盾心理，以及所產生的各種感受。在你寫作或說話時，注意觀察自己，或讓別人觀察你，看是否會出現「但是」或其同義字，如「然而，不過，儘管如此」等。分析一下你是如何使用這些詞的，以及用「並且」這個詞來探索和提升整個體驗的每個部分，是否更合適。

2. 回想一下你的反思（元反思，meta-reflection）：

- 為何我在處理某些體驗時會傾向於過度簡化，而只關注於虛假二分法的一部分？

- 為什麼對我來說只關心到經歷的某些方面會比整體來得更簡單？

- 我要如何才能更有意識地擁抱生活中的灰色地帶，即使是在感覺不舒服或不確定的時候？

3. 開始注意與他人的對話，並留意何時出現「但是」這個詞。當然，有時是合適的，特別是當我們試圖否定部分體驗時。請注意你或其他人什麼時候會不恰當的使用這個字，比方說，當兩個想法可能同時成立時。發誓要改變這種情況，讓「是的，並且」成為生活中最重要的元素。

社群共同體的實現

　　恭喜你進入練習簿裡的最後階段！希望現在你已經非常熟悉你的船：包括構成基礎的安全需求和構成航行的成長需求。也許你已經開始接受整個自我的過程，找到了迎接和整合陰暗面的方法，面對那些讓你害怕的事情，並對一路上出現的複雜感受說「是的，並且……」。

　　你也可以嘗試以更有效、更真實、更令人滿意的方式對待自己和他人，擁抱寬容，奉獻自己，並尋求他人的幫助。你可能會從日常生活中汲取更多的正面情緒和高原體驗，甚至可能正在考慮如何調整生活方式，以便將更多的注意力和時間投入到那些對你最重要的事業、人物和價值觀上。

　　現在，在我們送你返回並帶著你在第一次航行中獲得的新視角和見解重新開始旅程之前（請記住，成長是一個終身的、非線性的過程），我們希望幫助你補充能量、邁出一步

成長是一個終身的、非線性的過程。

離開自己的船，最重要的是，評估你周圍的其他船隻和我們所在的水域。

正如我們所指出的，健康的超越來自於整個自我的整合，*為實現社會的福祉服務*。正如睿智的作者和夥伴艾薩克（Isaac）、歐拉‧普里勒滕斯基（Ora Prilleltensky）所言，我們以這種方式實現超越的能力，很大程度上取決於我們所處的水域：即，我們是「我文化」的一部分，還是「我們文化」[1]的一部分。前者在COVID-19大流行期間成為美國的主流敘事，它假定「我有權利感到被重視和快樂」。普里勒滕斯基將其與具有改善作用的「我們的文化」並列，也就是加入了「是的，並且」的文化……「*我們都有權利和責任感到被重視，為自己和他人增加價值，這樣我們都能體驗到健康和公平*[2]。」正如艾薩克‧普里勒滕斯基（Isaac Prilleltensky）所說，這種社群主義哲學「在權利與責任之間、在感覺被重視與增加價值之間、在健康與公平之間，以及在自由與社群之間保持著緊張關係[3]」。它不是非此即彼，而是關於「是的，並且！」的想法。畢竟，群體自戀和過度個人主義一樣有害[4]。

為了證明我們需要一種「我們的文化」，普里勒滕斯基敏銳地指出，我們社會中最大的弊病——歧視、壓迫、不平等、精神疾病和自殺率的上升、對環境災難的漠不關心，以

及世界各地的專制主義、民族主義和分裂運動的興起——只
有當個人開悟時，就不會受到阻礙。相反地，這些治癒的機
會需要集體、社會和結構性的行動[5]。

　　「我們的文化」的一個很好的例子，來自原住民的古老
智慧[6]。一九三八年，馬斯洛在加拿大亞伯達省西格西卡保
護區內（Siksika reserve in Alberta, Canada）與北部的黑腳民
族（Blackfoot Nation）生活了六星期，研究他們的生活方式
並驚嘆不已[7]。黑腳族的生活目標是不讓任何人落後，而在
他們的文化中最富有的人幾乎是一無所有的人，因為他們已
經把一切都給了別人[8]。他們認為社區有責任確保滿足每個
人的基本需求，並創造條件讓每個人都能實現自己的目標、
充分發揮自己的潛能[9]。

　　加拿大原住民族兒童暨家庭關懷協會（First Nations
Child and Family Caring Society of Canada）執行董事辛蒂·
布萊克斯托克（Cindy Blackstock）將這種原民智慧稱為「社
區實現」（community actualization）[10]。更重要的是，這種注
重社區合作的作法，並不僅是為了當代人的繁榮，而是為了
實現「文化永續」；每一代人都認為有責任將自己部落的價
值觀和社區智慧傳承給後代。正如布萊克斯托克所指出的，
「原住民經常從『七代人』的影響角度來考慮他們的行為。
這意謂著一個人的行動要借鑑過去七代人的經驗，並考慮到
對後面七代人的影響[11]。」

　　COVID-19疫情對我們所有人都產生影響，讓我們意識到，雖然我們都在各自的船上朝著自己的方向航行，但我們彼此之間確實有著千絲萬縷的關係和相互依存。我們自己的行為，即使是在自己的船上，也會產生漣漪效應，形成潮汐和波浪，進而影響我們周圍的人及後來者。我們目睹了海浪同時向我們所有人襲來，同時，我們也目睹了巨大的不平等。

　　這不僅是疫情大流行後個人成長的機會，也是社會成長的機會。正如GatherFor的創始人特祖‧拉維洛坎（Teju Ravilochan）所說，也許是時候收起我們關於世界如何運轉的陳舊故事，轉而去擁抱關於我們如何生活及如何提供幫助的新故事了。拉維洛坎深受原民智慧的影響，他寫道：

　　這是我們走出孤軍奮戰、自力更生的時刻，這是那些在現狀中獲勝之人所留下的故事。現在，我們不是要去創造新的事物，而是要回歸黑腳族、拉科塔族（Lakota）、夏延河地區（Cheyenne River Territory）原住民及其他原住民所熟知的古老生活方式。這是一個不讓任何人失去家庭的故事：在這個故事中，我們首先為彼此提供歸屬感，然後繼續教導我們的後代如何生活：讓我們在一起[12]。

　　我們希望本書中的練習可以幫助你成為更完整的人，讓

你能夠以更好的姿態和諧共存的生活在這個世界上，在幫助
自己的同時，也為每個人帶來幫助。

祝你一路順風。

反思筆記

_____

_____

_____

_____

_____

_____

_____

_____

_____

_____

_____

_____

_____

致謝

　　如果沒有家人不斷地支持與鼓勵，尤其是非常支持我們的父母，這本書是不可能完成的，因為他們是我一生中最大的啦啦隊長，更是成長的榜樣。對於史考特來說，芭芭拉（Barbara）和麥可·考夫曼（Michael Kaufman）是他的摯愛，而對於喬丁來說，則是蜜雪兒（Michele）和史蒂芬·芬格爾德（Stephen Feingold），還有喬丁的妹妹阿曼達·科恩豪瑟（Amanda Kornhauser）。沒有任何言語能充分的表達出我對喬丁丈夫艾拉·施洛斯伯格（Ira Schlosberg）的感謝，因為在她撰寫本書的每一個階段時，艾拉總是陪伴在側，在過去的七年中以滿滿的正能量與她一起成長、一起擁抱米開朗基羅現象。我愛你，艾拉。

　　感謝喬丁在西奈山伊坎醫學院（Icahn School of Medicine at Mount Sinai）的導師們：安東妮雅·紐（Antonia New）、艾雪·賽門（Asher Simon）、丹尼斯·錢尼（Dennis Charney）、雅各·阿佩爾鮑姆（Jacob Appel）、賈桂琳·哈格羅夫（Jacqueline Hargrove）、喬納森·里普（Jonathan

Ripp）、勞里・基弗（Laurie Keefer），以及整個醫學教育辦公室、精神病學系、健康和復原力辦公室，感謝他們投資並指導喬丁成為一名傑出的臨床醫生、研究人員和教師；感謝賓州大學應用暨積極心理學碩士課程（University of Pennsylvania's Master of Applied Positive Psychology program）的前輩們：詹姆士・帕維爾斯基（James Pawelski）、里歐娜・布蘭德溫（Leona Brandwene）、馬丁・賽里格曼（Martin Seligman）和應用積極心理學碩士（MAPP）校友社群，以點燃她的熱情去建立起健康與可持續健康之間差距的橋梁；同時也要感謝她的同事和合作夥伴安妮・哈特（Annie Hart）、卡莉・卡普蘭（Carly Kaplan）、葛瑞格・沃林福德（Greg Wallingford）、哈雷・凱─考德勒（Halley Kaye-Kauderer）和桑吉・凱泰爾（Sanj Katyal）共同教學、著作、想像和創造正向醫學的未來。致十四樓層的夥伴，感謝她能夠在醫學院期間在那裡學習了四年，並且在他們的家庭和實習中擁抱了正向醫學和超越。當然，喬丁也要感謝她親愛的朋友和合著者考夫曼博士，感謝他令人難以置信的夥伴關係和團隊合作，感謝他教她寫書的意義，感謝他不斷地激勵她並相信她的夢想，最重要的是，感謝他的友誼。

　　史考特想對喬丁表達感謝之意。這些年來，看著她的成長歷程真的很開心；這本書只是一個美妙和創作力豐富的職業生涯的開始。史考特還想要感謝多年來他所擁有的許多合

作者、導師、播客嘉賓和朋友，他們讓這本書成為了可能。多年來，心理學播客上的許多對話著實地影響了本書中所提出的各種研究和想法。在撰寫本書的過程中，他要特別感謝克麗絲塔・史崔克（Krista Stryker）、克萊爾・莎拉・古德里奇（Clare Sarah Goodridge）和愛麗絲・懷爾德（Alice Wilder），感謝他們所給予的巨大的支持、友情和鼓勵，讓他得以繼續保持成長的思維。他們不斷給予的正面鼓勵激勵了他得以幫助他人實現自我和超越。

　　史考特和喬丁一起想要清楚表達它們的感謝之情給安德拉・蓋利斯（Andra Gailis）、安妮・利貝拉（Anne Libera）、亞瑟・布魯克斯（Arthur Brooks）、埃蘭達・賈亞維德（Eranda Jayawide）、凱利・李奧納德（Kelly Leonard）、寶琳・蘿絲・克蘭斯（Pauline Rose Clance）、里斯・布朗（Reece Brown）、雷菲爾・休士頓（Rephael Houston）、萊恩・尼米克（Ryan Niemiec）及莎伊娜・施洛斯伯格（Shayna Schlosberg），感謝他們在這本書的撰寫過程中所提供的智慧、腦力和指導。

　　最後，衷心感謝我們的經紀人詹姆士・拉文（James Levine）、我們的編輯馬里安諾・麗茲（Marian Lizzi）和文案編輯艾米・布羅西（Amy Brosey），幫助我們將這本書的出版化為真實。

備註

前言

1. Yalom, I. D. (1980). *Existential psychotherapy*. New York: Basic Books.

2. Cooban, A. (2021, July 7). *95% of workers are thinking about quitting their jobs, according to a new survey—and burnout is the number one reason.* Insider. https://www.businessinsider.com/labor-shortage-workers-quitting-quit-job-pandemic-covid-survey-monster-2021-7.

3. Richter, F. (2022, January 11). *The Great Resignation.* Statista Infographics. https://www.statista.com/chart/26186/number-of-people-quitting-their-jobs-in-the-united-states/.

4. Bonanno, G. (2021). *The end of trauma: How the new science of resilience is changing how we think about PTSD.* New York: Basic Books.

5. Bonanno, G. (2021). *The end of trauma: How the new science of resilience is changing how we think about PTSD.* New York: Basic Books.

6. Witters, D., & Agrawal, S. (2021, July 7). *Americans' Life Ratings Reach Record High.* Gallup.com. https://news.gallup.com/poll/351932/americans-life-ratings-reach-record-high.aspx?fbclid=IwAR3w8G6La671GQ9DPeTmx3jf6FEYkYDp0AGCGGW8aMLOjJS8zUmdxP6bZck.

7. Watkins, P. W., Emmons, R., Amador, T., & Gromfin, D. (2021). Growth of gratitude in times of trouble: Gratitude in the pandemic. *International Positive Psychology World Congress*. https:/doi.org/10.13140/RG.2.213815.34722.

8. Campbell, J. (1949). *The hero with a thousand faces* (1st ed.). Princeton: Princeton University Press. 9. Tedeschi, R., Shakespeare-Finch, J., Taku, K., & Calhoun, L. G. (2018). *Posttraumatic growth: theory, research, and applications*. New York: Routledge.

10. Yalom, I. D. (1980). *Existential psychotherapy*. New York: Basic Books.

11. Yalom, I. D. (2009). *Staring at the sun: Overcoming the terror of death*. San Francisco: Jossey-Bass.

12. We acknowledge that perception is not always the same as actuality. Self-perceived changes in creativity may not accompany real changes in creative thinking. However, we still believe even shifts in perception can have a profound impact on people's lives.

13. Wagner, L., & Gander, F. (2021, November 1). *Did the COVID-19 pandemic make us better people?* The EJP Blog. https://www.ejp-blog.com/blog/2021/11/1/did-the-covid-1 9-p andemic-make-us-better-people.

14. Bloom, P. (2021). *The sweet spot: The pleasures of suffering and the search for meaning*. New York: Ecco.

15. Bloom, P. (2021). *The sweet spot: The pleasures of suffering and the search for meaning*. New York: Ecco; Kjærgaard, A., Leon, G. R., & Venables, N. C. (2014). The "right stuff" for a solo sailboat circumnavigation of the globe. *Environment and Behavior*, 1–25; Kjærgaard, A., Leon, G. R., Venables, N. C., & Fink, B. A. (2017). Personality, personal values and growth in military special unit patrol teams operating in a polar

environment. *Military Psychology, 25*, 13–22; Smith, N., Kinnafick, F., Cooley, S. J., & Sandal, G. M. (2016). Reported growth following mountaineering expeditions: The role of personality and perceived stress. *Environment and Behavior*, 1–23; Suedfeld, P., Legkaia, K., & Brcic, J. (2010). Changes in the hierarchy of value references associated with flying in space. *Journal of Personality, 78*, 1411–1435.

16. Tedeschi, R. G., & Moore, B. A. (2016). *The posttraumatic growth workbook: Coming through trauma wiser, stronger, and more resilient.* Oakland: New Harbinger Publications.

17. Keyes, C. L. M. (2002). The mental health continuum: From languishing to flourishing in life. *Journal of Health and Social Behavior, 32*, 207–222; Grant, A. (2021). There's a name for the blah you're feeling: It's called languishing. *The New York Times.* https://www.nytimes.com/2021/04/19/well/mind/covid-mental-health-languishing.html.

18. Jayawickreme, E., Infurna, F. J., Alajak, K., Blackie, L. E. R., Chopik, W. J, . . . Zonneveld, R., et al. (2021). P ost-traumatic growth as positive personality change: Challenges, opportunities, and recommendations. *Journal of Personality, 89*, 145–165; Mangelsdorf, J., Eid, M., & Luhmann, M. (2018). Does growth require suffering? A systematic review and m eta-analysis on genuine posttraumatic and postecstatic growth. *Psychological Bulletin, 145*, 302–338.

19. Roepke, A. M. (2013). Gains without pains? Growth after positive events. *Journal of Positive Psychology, 8*, 280–291.

20. Horney, K. (1959). *Neurosis and human growth.* New York: W. W. Norton; Kaufman, S. B. (2021). *Transcend: The new science of self-actualization.* New York: TarcherPerigee.

21. Rogers, C. R. (1961). *On becoming a person: A therapist's view of psychotherapy.* New York: Houghton Mifflin.

22. Kaufman, S. B. (2021). *Transcend: The new science of self-actualization.* New York: TarcherPerigee. 23. Ravilochan, T. (2021, April 4). *Could the Blackfoot wisdom that inspired Maslow guide us now?* Medium. https://gatherfor.medium.com/maslow-got-it-wrong-ae45d6217a8c.

24. Ravilochan, T. (2021, April 4). *Could the Blackfoot wisdom that inspired Maslow guide us now?* Medium. https://gatherfor.medium.com/maslow-got-it-wrong-ae45d6217a8c.

25. Horney, K. (1945). *Our inner conflicts: A constructive theory of neurosis.* New York: W. W. Norton.

第一章　讓自己靜下心來

1. Kaufman, S. B. (2021). *Transcend: The new science of self-actualization.* New York: TarcherPerigee.

2. Kaufman, S. B. (2021). *Transcend: The new science of self-actualization.* New York: TarcherPerigee; also see Bridgman, T., Cummings, S., & Ballard, J. (2019). Who built Maslow's pyramid? A history of the creation of management studies' most famous symbol and its implications for management education. *Academy of Management Learning & Education, 18,* https:/doi.org/10.5465/amle.2017.0351.

3. Drigotas, S. M. (2002). The Michelangelo phenomenon and personal well-being. *Journal of Personality, 70,* 59–77.

4. Schwartz, C. E., & Sendor, M. (1999). Helping others helps oneself: Response shift effects in peer support. *Social Science and Medicine, 48,*

1563–1575; Rebele, R. W. (2015). Being "otherish": Resolving the false choice between personal and prosocial goals. In R. J. Burke, K. M. Page, & C. L. Cooper (eds.), *Flourishing in life, work, and careers: Individual wellbeing and career experience* (pp. 26–44). New Horizons in Management. Cheltenham, UK: Edward Elgar Publishing.

5. Porges, S. W. (2011). *The polyvagal theory: Neurophysiological foundations of emotions, attachment, communication, and self-regulation.* New York: W. W. Norton.

6. Porges, S. W. (2016). Trauma and the Polyvagal Theory: a commentary. *International Journal of Multidisciplinary Trauma Studies, 1,* 24–30. https://doi.org/10.3280/ijm2016-001003.

7. Author, counselor, and trauma expert Resmaa Menakem writes extensively about this vagal pathway in his outstanding book, *My grandmother's hands: Racialized trauma and the pathway to mending our hearts and bodies.* Menakem discusses the idea that our bodies, not our brains, are truly the center of race-based trauma. He writes, "In the aftermath of a highly stressful event, our lizard brain may embed a reflexive trauma response—a wordless story of danger—in our body. This trauma can cause us to react to present events in ways that seem out of proportion or wildly inappropriate to what's actually going on." Menakem, R. (2021). *My grandmother's hands: Racialized trauma and the pathway to mending our hearts and bodies.* New York: Penguin Books, 23.

8. Crum, A. J., & Langer, E. (2007). Mind-set matters: Exercise and the placebo effect. *Psychological Science, 18,* 165–171.

9. Oschman, J. L., Chevalier, G., & Brown, R. (2015). The effects of

grounding (earthing) on inflammation, the immune response, wound healing, and prevention and treatment of chronic inflammatory and autoimmune diseases. *Journal of Inflammation Research*, *8*, 83–96. https://doi.org/1 0.2147/JIR.S69656.

10. Fox, N. A., & Shonkoff, J. P. (2011). How persistent fear and anxiety can affect young children's learning, behavior and health. *Early Childhood Matters* 16, 8–14.

11. Maier, S. F., & Seligman, M. E. (1976). Learned helplessness: Theory and evidence. *Journal of Experimental Psychology: General, 105*, 3–46; Maier, S. F., & Seligman, M. E. (2016). Learned helplessness at fifty: Insights from neuroscience. *Psychological Review, 123*, 349‒367.

12. Bonanno, G. (2021). *The end of trauma: How the new science of resilience is changing how we think about PTSD.* New York: Basic Books.

13. Maslow, A. H. (1998; originally published in 1962). *Toward a psychology of being* (3rd ed.) New York: John Wiley & Sons, 76.

14. Schönbrodt, F. D., & Gerstenberg, F. X. R. (2012). An IRT analysis of motive questionnaires: The unified motive scales. *Journal of Research in Personality, 46*(6), 725–742.

15. Fraley, R. C., Hudson, N. W., Heffernan, M. E., & Segal, N. (2015). Are adult attachment styles categorical or dimensional? A taxometric analysis of general and r elationship-specific attachment orientations. *Journal of Personality and Social Psychology, 109*(2), 354‒368; Fraley, R. C., & Spieker, S. J. (2003). Are infant attachment patterns continuously or categorically distributed? A taxometric analysis of strange situation behavior. *Developmental Psychology, 39*(3), 387–404; Mikulincer, M., & Shaver, P. R. (2016). *Attachment in adulthood: Structure, dynamics, and*

change (2nd ed.). New York: Guilford Press.

16. Pinquart, M., Feussner, C., & Ahnert, L. (2013). Meta-analytic evidence for stability in attachments from infancy to early adulthood. *Attachment & Human Development, 15*(2), 189–218.

17. Simpson, J. A., & Rholes, W. S. (2017). Adult attachment, stress, and romantic relationships. *Current Opinion in Psychology, 13*, 19–24; Wiebe, S. A., & Johnson, S. M. (2017). Creating relationships that foster resilience in Emotionally Focused Therapy. *Current Opinion in Psychology, 13*, 65–69.

第二章　人際關係

1. Cacioppo, J. T., & Patrick, W. (2009). *Loneliness: Human nature and the need for social connection.* New York: W. W. Norton; Joseph, S. (ed.). (2015). *Positive psychology in practice: Promoting human flourishing in work, health, education, and everyday life.* Hoboken: John Wiley & Sons.

2. Cacioppo, J. T., & Patrick, W. (2009). *Loneliness: Human nature and the need for social connection.* New York: W. W. Norton.

3. Leary, M. R., & Guadagno, J. (2011). The sociometer, s elf-esteem, and the regulation of interpersonal behavior. In K. D. Vohs & R. F. Baumeister (eds.), *Handbook of self-regulation: Research, theory, and applications* (pp. 339–354). New York: Guilford Press.

4. Cacioppo, J. T., et al. (2002). Do lonely days invade the nights? Potential social modulation of sleep efficiency. *Psychological Science, 13*(4), 3 84–387; Kurina, L. M., et al. (2011). Loneliness is associated with sleep fragmentation in a communal society. *Sleep, 34*(11), 1519–1526; Luo, Y.,

Hawkley, L. C., Waite, L. J., & Cacioppo, J. T. (2012). Loneliness, health, and mortality in old age: A national longitudinal study. *Social Science & Medicine, 74*(6), 9 07–914; Quora contributor. (2017). Loneliness might be a bigger health risk than smoking or obesity. *Forbes*. https://www. forbes.com/sites/quora/2017/01/18/loneliness-might-be-a-bigger-health-risk-than-smoking-or-obesity/amp.

5. Firger, J. (2016, April 22). Suicide rate has increased 24 percent since 1999 in the U.S., says CDC. *Newsweek*. http://www.newsweek.com/us-s uicide-rates-cdc-increase-24-percent-cdc-1999-2014-451606; Routledge, C. (2018, June 23). Suicides have increased. Is there an existential crisis? *The New York Times*. https://www.nytimes.com/2018/06/23/opinion/ sunday/suicide-rate-existential-crisis.html; Scelfo, J. (2015, July 27). Suicide on campus and the pressure of perfection. *The New York Times*. https://www.nytimes.com/2015/08/02/education/edlife/stress-social-media-and-suicide-on-campus.html.

6. King, R., Bialik, C., & Flowers, R. (2015, December 3). *Mass shootings have become more common in the U.S.* FiveThirtyEight. https:// fivethirtyeight.com/f eatures/mass-s hootings-have-become-more-common-in-the-u-s/.

7. Leary, M. R., Kelly, K. M., Cottrell, C. A., & Schreindorfer, L. S. (2012). Construct validity of the need to belong scale: Mapping the nomological network. *Journal of Personality Assessment, 95*, 610–624.

8. Schöonbrodt, F. D., & Gerstenberg, F. X. R. (2012). An IRT analysis of motive questionnaires: The Unified Motive Scales. *Journal of Research in Personality, 46*, 725–42.

9. Mellor, D., Stokes, M., Firth, L., Hayashi, Y., & Cummins, R. (2008).

Need for belonging, relationship satisfaction, loneliness, and life satisfaction. *Personality and Individual Differences, 45*, 213−218.

10. Okabe-Miyamoto, K., & Lyubomirsky, S. (2021b). *Social Connection and Well-Being during COVID-1 9*. https://happiness-report.s3.amazonaws. com/2021/WHR+ 21_ Ch6.pdf.

11. Okabe-Miyamoto, K., & Lyubomirsky, S. (2021b). *Social Connection and Well-Being during COVID-1 9*. https://happiness-report.s3.amazonaws. com/2021/WHR+ 21_ Ch6.pdf.

12. Fowler, J. H., & Christakis, N. A. (2008). Dynamic spread of happiness in a large social network: Longitudinal analysis over 20 years in the Framingham Heart Study. *British Medical Journal, 337*, 23−36.

13. Stephens, J. P., Heaphy, E., & Dutton, J. (2011). High quality connections. In K. Cameron and G. Spreitzer (eds.), Handbook of positive organizational scholarship (pp. 385−399). New York: Oxford University Press.

14. Dutton, J., & Heaphy, E. D. (2003). The power of high-quality connections. In K. S. Cameron, J. E. Dutton, & R. E. Quinn (eds.), *Positive organizational scholarship* (pp. 263−279). San Francisco: B errett-Koehler Publishers, p. 264.

15. Dutton & Heaphy, The power of h igh-quality connections. In Cameron, Dutton, & Quinn, *Positive organizational scholarship*, p. 265.

16. Dutton & Heaphy, The power of h igh-quality connections. In Cameron, Dutton, & Quinn, *Positive organizational scholarship*, p. 266.

17. Rogers, C. R. (1951). *Client-centered therapy: Its current practice, implications, and theory*. Boston: Houghton-Mifflin.

18. Dutton, J. E. (2003). *Energize your workplace: How to create and sustain*

high-quality connections at work. San Francisco: Jossey-Bass.

19. Cummings, L. L., & Bromiley, P. (1996). The Organizational Trust Inventory (OTI): Development and validation. In R. M. Kramer & T. R. Tyler (eds.), *Trust in organization: Frontiers of theory and research* (pp. 302−330). Thousand Oaks: Sage Publications; Diener, E., Oishi, S., & Lucas, R. E. (2003). Personality, culture, and subjective well-being: Emotional and cognitive evaluations of life. *Annual Review of Psychology, 54,* 403−425.

20. Perel, E. *Letters from Esther #22: Small talk.* Esther Perel. https://www. estherperel.com/blog/letters-from-esther-22-small-talk.

21. Aron, A., Melinat, E., Aron, E. N., Vallone, R. D., & Bator, R. J. (1997). The experimental generation of interpersonal closeness: A procedure and some preliminary findings. *Personality and Social Psychology Bulletin, 23*(4), 363–377. https://doi.org/10.1177/0146167297234003.

22. Catron, M. L. (2015, January 9). To fall in love with anyone, do this. *The New York Times.* https://www.nytimes.com/2015/01/11/style/modern-love-to-fall-in-love-with-anyone-do-this.html.

23. Langston, C. (1994). Capitalizing on and coping with daily-life events: Expressive responses to positive events. *Journal of Personality and Social Psychology, 67,* 1112−1125.

24. Gable, S. L., Reis, H. T., Impett, E. A., & Asher, E. R. (2004). What do you do when things go right? The intrapersonal and interpersonal benefits of sharing positive events. *Journal of Personality and Social Psychology, 87,* 228−245.

25. Gable, S. L., Reis, H. T., Impett, E. A., & Asher, E. R. (2004). What do you do when things go right? The intrapersonal and interpersonal benefits

of sharing positive events. *Journal of Personality and Social Psychology, 87*, 228–245.

26. Kent, M., Davis, M. C., & Reich, J. W. (2014). *The resilience handbook: approaches to stress and trauma* (p. 344). New York: Routledge, Taylor & Francis Group.

27. Janoff-Bulman, R. (1979). Characterological versus behavioral s elf-blame: Inquiries into depression and rape. *Journal of Personality and Social Psychology, 37*, 1798–1809. https://doi.org/10.1037/0022-3514.37.10.1798.

28. Kent, M., Davis, M. C., & Reich, J. W. (2014). *The resilience handbook: approaches to stress and trauma* (p. 344). New York: Routledge, Taylor & Francis Group.

29. Wade, N. G., Bailey, D., & Shaffer, P. (2005). Helping clients heal: Does forgiveness make a difference? *Professional Psychology: Research and Practice, 36*, 634–641. https://doi.org/10.1037/0735-7028.36.6.634.

30. Berry, J. W., Worthington, E. L., Jr., Parrott, L., III, O'Connor, L. E., & Wade, N. G. (2001). Dispositional forgivingness: Development and construct validity of the Transgression Narrative Test of Forgiveness (TNTF). *Personality and Social Psychology Bulletin, 27,* 1277–1290. https://doi.org/10.1177/0146167201271004.

31. Ingersoll-Dayton, B., Campbell, R., & Hwa-H a, J. (2011). Enhancing forgiveness: A group intervention for the elderly. *Journal of Gerontological Social Work, 52*, 2–16. https://doi.org/10.1080/01634370802561901.

32. Worthington, E. L., Jr. (2001). *Five steps to forgiveness: The art and science of forgiving.* New York: Crown House.

33. Lin, Y., Worthington, E. L., Griffin, B. J., Greer, C. L., Opare-Henaku, A.,

Lavelock, C. R., Hook, J. N., Ho, M. Y., & Muller, H. (2014). Efficacy of REACH forgiveness across cultures. *Journal of Clinical Psychology*, *70*(9), 781–793. https://doi.org/10.1002/jclp.22073.

34. McCullough, M. E. (2000). Forgiveness as human strength: Theory, measurement, and links to well-being. *Journal of Social and Clinical Psychology*, *19*(1), 43–55. https://doi.org/10.1521/jscp.2000.19.1.43; vanOyen, Witvliet, C., & Root Luna, L. (2017). Forgiveness and well-being. In *Positive psychology: established and emerging issues*. New York: Routledge.

35. Brown, R. P. (2004). Vengeance is mine: Narcissism, vengeance, and the tendency to forgive. *Journal of Research in Personality, 6*, 576–584; Fatfouta, R., Zeigler-Hill, V., & Schroder-Abe, M. (2017). I'm merciful, am I not? Facets of narcissism and forgiveness revisited. *Journal of Research in Personality, 70*, 166–173.

第三章　培養健康的自尊

1. Kaufman, S. B. (2017, October 29). Narcissism and s elf-esteem are very different. *Scientific American Blogs*. https://blogs.scientificamerican.com/beautiful-minds/narcissism-and-self-esteem-are-very-different.

2. Rosenberg, M. (1986). Self-concept from middle childhood through adolescence. In J. Suls & A. G. Greenwald (eds.), *Psychological perspectives on the self* (Vol. 3, pp. 1 07–135). Hillsdale: Lawrence Erlbaum Associates.

3. Items adapted from Tafarodi, R. W., & Swann, W. B., Jr. (2001). Two-dimensional self-esteem: Theory and measurement. *Personality and*

Individual Differences, 31(5), 653–673.

4. Baumeister, R. F., Tice, D. M., & Hutton, D. G. (1989). S elf-presentational motivations and personality differences in self-esteem. *Journal of Personality, 57*(3), 547–579, https://doi.org/10.1111/j.1467-6494.1989.tb02384.x.

5. Kaufman, S. B. (2021). *Transcend: The new science of s elf-actualization.* New York: TarcherPerigee; Kaufman, S. B., Weiss, B., Miller, J. D., & Campbell, W. K. (2018). Clinical correlates of vulnerable and grandiose narcissism: A personality perspective. *Journal of Personality Disorders 32*, 384.

6. Kaufman, S. B., Weiss, B., Miller, J. D., & Campbell, W. K. (2018). Clinical correlates of vulnerable and grandiose narcissism: A personality perspective. *Journal of Personality Disorders 32*, 384; Jauk, E., & Kaufman, S. B. (2018). The higher the score, the darker the core: The nonlinear association between grandiose and vulnerable narcissism. *Frontiers in Psychology*, https://doi.org/10.3389/fp-syg.2018.01305.

7. Items adapted from the following scales: Glover, N., Miller, J. D., Lynam, D. R., Crego, C., & Widiger, T. A. (2012). The F ive-Factor Narcissism Inventory: A five-factor measure of narcissistic personality traits. *Journal of Personality Assessment, 94*, 5 00–512; Pincus, A. L., Ansell, E. B., Pimenel, C. A., Cain, N. M., Wright, A. G. C., and Levy, K. N. (2009). Initial construction and validation of the Pathological Narcissism Inventory. *Psychological Assessment, 21*, 365–379.

8. Kaufman, S. B., Weiss, B., Miller, J. D., & Campbell, W. K. (2018). Clinical correlates of vulnerable and grandiose narcissism: A personality perspective. *Journal of Personality Disorders, 32*, 384; Kaufman, S. B.

(2018, September 11). Are narcissists more likely to experience impostor syndrome? *Scientific American Blogs*. https://blogs.scientificamerican. com/beautiful-minds/are-narcissists-more likely-to-experience-impostor-syndrome.

9. Neff, K. (2021). *Fierce s elf-compassion: How women can harness kindness to speak up, claim their power, and thrive*. New York: HarperCollins Publishers.

10. Sedikides, C. (1993). Assessment, enhancement, and verification determinants of the self-evaluation process. *Journal of Personality and Social Psychology, 65*, 317–338.

11. Aberson, C. L., Healy, M., & Romero, V. (2000). Ingroup bias and self-esteem: A meta-analysis. *Personality and Social Psychology Review, 4*, 157–173.

12. Baumeister, R. F., Smart, L., & Boden, J. M. (1996). Relation of threatened egotism to violence and aggression: The dark side of high self-esteem. *Psychological Review, 103*, 5–33.

13. Neff, K. (2021). *Fierce s elf-compassion: How women can harness kindness to speak up, claim their power, and thrive*. New York: HarperCollins Publishers, p. 125.

14. Gazelle, G. (2019). Personal communication.

15. Neff, K. (2021). *Fierce s elf-compassion: How women can harness kindness to speak up, claim their power, and thrive*. New York: HarperCollins Publishers.

16. Neff, K. (2021). *Fierce s elf-compassion: How women can harness kindness to speak up, claim their power, and thrive*. New York: HarperCollins Publishers.

17. Rebele, R. W. (2015). Being "otherish": Resolving the false choice between personal and prosocial goals. In R. J. Burke, K. M. Page, & C. L. Cooper (eds.), *Flourishing in life, work, and careers: Individual wellbeing and career experience* (pp. 26–44). New Horizons in Management. Cheltenham, UK: Edward Elgar Publishing.

18. Kaufman, S. B. & Jauk, E. (2020). Healthy selfishness and pathological altruism: Measuring two paradoxical forms of selfishness. *Frontiers in Psychology*, https://doi.org/10.3389/fp-syg.2020.01006.

19. Jordyn's dear friend and mentor Mike Rosenstark gave her this l ife-changing yet super-simple advice, which helped her think more deliberately about her priorities when her plate was very full as a medical student.

20. Paterson, R. J. (2000). *The assertiveness workbook: How to express your ideas and stand up for yourself at work and in relationships.* Oakland: New Harbinger Publications.

21. Gillihan, S. J. (2018). *Cognitive behavioral therapy made simple: 10 strategies for managing anxiety, depression, anger, panic, and worry.* Emeryville: Althea Press.

22. Burns, D. (1989). *The feeling good handbook.* New York: Morrow; Gillihan, S. J. (2018). *Cognitive behavioral therapy made simple: 10 strategies for managing anxiety, depression, anger, panic, and worry.* Emeryville: Althea Press.

23. Beck, A. T., Rush, A. J., Shaw, B. F., & Emery, G. (1979). *Cognitive therapy of depression.* New York: Guilford Press.

24. Clance, P. R. (n.d.). *Dr. Pauline Rose C lance—Impostor phenomenon.* Retrieved December 24, 2021, from https://www.paulineroseclance.com/

impostor_ phenomenon.html.

25. Sakulku, J., & Alexander, J. (2011). The impostor phenomenon. *International Journal of Behavioral Science, 6,* 73–92.

26. Bravata, D., Madhusudhan, D., Boroff, M., & Cokley, K. (2020). Commentary: Prevalence, predictors, and treatment of imposter syndrome: A systematic review. *Journal of Mental Health & Clinical Psychology, 4*(3), 12–16. https://doi.org/10.29245/2578-2959/2020/3.1207.

27. Chae, J.-H., Piedmont, R. L., Estadt, B. K., & Wicks, R. J. (1995). Personological evaluation of Clance's Imposter Phenomenon scale in a Korean sample. *Journal of Personality Assessment, 65*(3), 468–485. https://doi.org/10.1207/s15327752jpa6503_ 7; Clance, P. R., Dingman, D., Reviere, S. L., & Stober, D. R. (1995). Impostor phenomenon in an interpersonal/social context. *Women & T herapy, 16*(4), 79–96. https://doi. org/10.1300/j015v16n04_ 07.

28. Kaufman, S. B., Weiss, B., Miller, J. D., & Campbell, W. K. (2018). Clinical correlates of vulnerable and grandiose narcissism: A personality perspective. *Journal of Personality Disorders, 32,* 384; Kaufman, S. B. (2018, September 11). Are narcissists more likely to experience impostor syndrome? *Scientific American Blogs.* https://blogs.scientificamerican. com/beautiful-minds/are-narcissists-more likely-to-experience-impostor-syndrome.

29. Cowman, S. E., & Ferrari, J. R. (2002). "Am I for real?" Predicting impostor tendencies from s elf-handicapping and affective components. *Social Behavior and Personality: An International Journal, 30*(2), 1 19–125; Leary, M. R., Patton, K. M., Orlando, A. E., & Funk, W. W. (2001). The impostor phenomenon: Self-perceptions, reflected appraisals, and

interpersonal strategies. *Journal of Personality, 68*(4), 725–756; McElwee, R. O., & Yurak, T. J. (2007). Feeling versus acting like an impostor: Real feelings of fraudulence or self-presentation? *Individual Differences Research, 5*(3), 201–220.

30. Clance, P. R. (1986). *The impostor phenomenon when success makes you feel like a fake* (pp. 2 0–22). Toronto: Bantam.

31. Clance, P. R. (2017). *The impostor phenomenon: Overcoming the fear that haunts your success.* Amazon Digital Services LLC. https://www.amazon. com/Impostor-Phenomenon-Overcoming-Haunts-Success-ebook/dp/ B074D3NDGQ; Thompson, T., Davis, H., & Davidson, J. (1998). Attributional and affective responses of impostors to academic success and failure outcomes. *Personality and Individual Differences, 25*, 381–396; Ferrari, J. R., & Thompson, T. (2006). Impostor fears: Links with self-perfection concerns and self-handicapping behaviours. *Personality and Individual Differences, 40*, 341–352; Thompson, T., Foreman, P., & Martin, F. (2000). Impostor fears and perfectionistic concern over mistakes. *Personality and Individual Differences, 29*, 629–647.

32. Bussotti, C. (1990). The impostor phenomenon: Family roles and environment. (Doctoral dissertation, Georgia State University). *Dissertation Abstracts International, 51*, 4041B–4042B.

33. Bussotti, C. (1990). The impostor phenomenon: Family roles and environment. (Doctoral dissertation, Georgia State University). *Dissertation Abstracts International, 51*, 4041B-4042B; Clance, P. R. (1985). *The Impostor Phenomenon: Overcoming the fear that haunts your success.* Atlanta: Peachtree Publishers; King, J. E., & Cooley, E. L.

(1995). Achievement orientation and the impostor phenomenon among college students. *Contemporary Educational Psychology, 20*(3), 304–312, 1995; Sonnak, C., & Towell, T. (2001). The impostor phenomenon in British university students: Relationships between s elf-esteem, mental health, parental rearing style and socioeconomic status. *Personality and Individual Differences, 31*(6), 863–874.

34. Chrisman, S. M., Pieper, W. A., Clance, P. R., Holland, C. L., & Glickauf-Hughes, C. (1995). Validation of the Clance Imposter Phenomenon Scale. *Journal of Personality Assessment, 65*(3), 456–467. https://doi.org/10.1207/s15327752jpa6503_6; Henning, K., Ey, S., & Shaw, D. (1998). Perfectionism, the imposter phenomenon and psychological adjustment in medical, dental, nursing and pharmacy students. *Medical Education, 32*(5), 456–464. https://doi.org/10.1046/j.1365-2923.1998.00234.x. Topping, M. E. (1983). The impostor phenomenon: A study of its construct and incidence in university faculty members. (Doctoral dissertation, University of South Florida). *Dissertation Abstracts International, 44*, 1948B–1949B.

35. Kamarzarrin, H. (2013). A study of the relationship between self-esteem and the imposter phenomenon in the physicians of Rasht city. *European Journal of Experimental Biology, 3*(2), 363–366; Kaufman, S. B. (2021). *Transcend: The new science of self-actualization.* New York: TarcherPerigee.

36. Clance, P. R. (2017). *The impostor phenomenon: Overcoming the fear that haunts your success.* Amazon Digital Services LLC. https://www.amazon.com/I mpostor-Phenomenon-Overcoming-Haunts-Success-ebook/dp/B074D3NDGQ.

37. Clance, P. R. (2017). *The impostor phenomenon: Overcoming the fear that haunts your success.* Amazon Digital Services LLC. https://www.amazon. com/Impostor-Phenomenon-Overcoming-Haunts-Success-ebook/dp/ B074D3NDGQ; Sakulku, J. & Alexander, J. (2011). The impostor phenomenon. *International Journal of Behavioral Science, 6*(1), 75–97. https://doi.org/10.14456/ijbs.2011.6.

38. Kaufman, S. B. (2021). *Transcend: The new science of self-actualization.* New York: TarcherPerigee; Maslow, A. H. (1987). *Motivation and personality* (3rd ed.). New York: HarperCollins.

39. Perfectionism graphic designed by psychiatrist Dr. Annie Hart, M.D., and Jordyn Feingold for use with medical students and patients.

第四章 探索

1. Kashdan, T. B., & Silvia, P. J. (2011). Curiosity and interest: The benefits of thriving on novelty and challenge. In S. J. Lopez & R. Snyder (eds.), *The Oxford handbook of positive psychology* (pp. 367–374). New York: Oxford University Press.

2. Items adapted from Kashdan, T. B., et al. (2018). The five-dimensional curiosity scale: Capturing the bandwidth of curiosity and identifying four unique subgroups of curious people. *Journal of Research in Personality, 73*, 130–149.

3. Hayes, S., Wilson, K., Gifford, E., Follette, V., & Strosahl, K. (1996). Experiential avoidance and behavioral disorders: A functional dimensional approach to diagnosis and treatment. *Journal of Consulting and Clinical Psychology, 64*, 1152–1168. doi:10.1037/0022-006X.64.6.1152; Hayes, S.

C. (2020). *A liberated mind: How to pivot toward what matters.* New York: Avery.

4. Coe, E., Batten, S. V., & Meyer, E. C. (2020). Chapter 19—Acceptance-based behavioral therapy for PTSD. In *Emotion in posttraumatic stress disorder* (pp. 545–566). San Diego: Academic Press; Hayes, S. C., Luoma, J. B., Bond, F. W., Masuda, A., & Lillis, J. (2006). Acceptance and commitment therapy: Model, processes, and outcomes. *Behaviour Research and Therapy, 44,* 1–25; Hayes, S. C. (2020). *A liberated mind: How to pivot toward what matters.* New York: Avery.

5. Muscara, C. (2019). *Stop missing your life: How to be deeply present in an un-p resent World.* New York: Hachette Books.

6. Hayes, S., Wilson, K., Gifford, E., Follette, V., & Strosahl, K. (1996). Experiential avoidance and behavioral disorders: A functional dimensional approach to diagnosis and treatment. *Journal of Consulting and Clinical Psychology, 64,* 1152–1168. doi:10.1037/0022-006X.64.6.1152.

7. May, R. (1982). The problem of evil: An open letter to Carl Rogers. *Journal of Humanistic Psychology, 22*(3), 10–21.

8. Rogers, C. R. (1961). *On becoming a person: A therapist's view of psychotherapy.* New York: Houghton Mifflin.

9. Rogers, C. R. (1961). *On becoming a person: A therapist's view of psychotherapy.* New York: Houghton Mifflin.

10. Kashdan, T., & B iswas-Diener, R. (2014). *The upside of your dark side: Why being your whole self—not just your "good" s elf—drives success and fulfillment.* New York: Plume.

11. Tedeschi, R., & Calhoun, L. (2004). Target article: posttraumatic growth. *Psychological Inquiry, 15,* 1–18.

12. May, R. (1969). *Love and will*. New York: W. W. Norton, pp. 129–130.

13. Vaillant, G. E. (1992). *Ego mechanisms of defense: A guide for clinicians and researchers*. Washington, DC: American Psychiatric Publishing; Vaillant, G. E. (1998). *Adaptation to life*. Cambridge: Harvard University Press.

14. Vaillant, G. E. (1998). *Adaptation to life*. Cambridge: Harvard University Press.

15. Kaplan, R. M., & Pascoe, G. C. (1977). Humorous lectures and humorous examples: Some effects upon comprehension and retention. *Journal of Educational Psychology, 69*(1), 61–65; Lomax, R. G., & Moosavi, S. A. (2002). Using humor to teach statistics: Must they be orthogonal? *Understanding Statistics, 1*(2), 113–130.

16. Gandino, G., Vesco, M., Benna, S. R., & Prastaro, M. (2010). Whiplash for the mind: Humour in therapeutic conversation. *International Journal of Psychotherapy, 14*(1), 13–24; Weaver, R. L., & Cotrell, H. W. (1987). Ten specific techniques for developing humor in the classroom. *Education, 108*(2), 167–179.

17. Dutton, J., & Heaphy, E. D. (2003). The power of high-quality connections. In K. S. Cameron, J. E. Dutton, & R. E. Quinn (eds.), *Positive organizational scholarship* (pp. 263–279). San Francisco: Berrett-Koehler Publishers; McGee, E., & Shevlin, M. (2009). Effect of humor on interpersonal attraction and mate selection. *Journal of Psychology, 143*(1), 67–77; Peterson, C., & Seligman, M. E. P. (2004). *Character strengths and virtues*. New York: Oxford University Press; Reece, B. (2014). *Putting the ha! in aha!: Humor as a tool for effective communication*. Master of Applied Positive Psychology (MAPP)

Capstone Projects. 58. https://repository.upenn.edu/mapp_capstone/58/.

18. Gander, F., Proyer, R. T., Ruch, W., & Wyss, T. (2013). Strength-based positive interventions: Further evidence for their potential in enhancing w ell-being and alleviating depression. *Journal of Happiness Studies, 14*, 1241–1259; Proyer, R. T., Gander, F., Wellenzohn, S., & Ruch, W. (2014). Positive psychology interventions in people aged 50–79 years: L ong-term effects of placebo-controlled online interventions on well-being and depression. *Aging & Mental Health*, *18*(8), 997–1005. https://doi.org/10.1 080/13607863.2014.899978.

19. Kaufman, S. B. (2013). Opening up openness to experience: A four-factor model and relations to creative achievement in the arts and sciences. *Journal of Creative Behavior, 47*(4), 233–255; Kaufman, S. B., et al. (2015). Openness to experience and intellect differentially predict creative achievement in the arts and sciences. *Journal of Personality, 84*(2), 248– 258.

20. Kaufman, S. B., & Gregoire, C. (2016). *Wired to create: Unraveling the mysteries of the creative mind*. New York: TarcherPerigee.

21. McMillan, R. L., Kaufman, S. B., & Singer, J. L. (2013). Ode to positive constructive daydreaming. *Frontiers in Psychology, 4*, 626.

22. Torrance, E. P. (1983). The importance of falling in love with "something." *Creative Child & Adult Quarterly, 8*, 72–78.

第五章　愛

1. Vaillant, G. (2009). *Spiritual evolution: How we are wired for faith, hope, and love*. New York: Harmony Books, p. 101.

2. Salzberg, S. (2017). *Real love: The art of authentic connection*. New York: Flatiron Books.

3. Fromm, E. (1956). *The art of loving*. New York: Harper.

4. Martela & Ryan (2015). The benefits of benevolence: Basic psychological needs, beneficience, and the enhancement of well-being. *Journal of Personality, 84*, 750‒764.

5. Alden, L. E., & Trew, J. L. (2013). If it makes you happy: Engaging in kind acts increases positive affect in socially anxious individuals. *Emotion, 13*, 64–75; Meier, S., & Stutzer, A. (2008). Is volunteering rewarding in itself? *Economica, 75*, 39‒59; Aknin, L., Barrington-Leigh, C. P., Dunn, E. W., Helliwell, J. F., Burns, J., B iswas-Diener, R., et al. (2013). Prosocial spending and w ell-being: Cross-cultural evidence for a psychological universal. *Journal of Personality and Social Psychology, 104*, 635‒652; Dunn, E., Aknin, L., & Norton, M. (2008). Spending money on others promotes happiness. *Science, 319*, 1687–1688; Piliavin, J. A., & Siegl, E. (2007). Health benefits of volunteering in the Wisconsin Longitudinal Study. *Journal of Health and Social Behavior, 48*, 450–464; Sheldon, K. M., Boehm, J. K., & Lyubomirsky, S. (2009). Variety is the spice of happiness: The hedonic adaptation prevention (HAP) model. In I. Boniwell & S. David (eds.), *Oxford handbook of happiness* (pp. 9 01‒914). Oxford: Oxford University Press; Weinstein, N., & Ryan, R. M. (2010). When helping helps: Autonomous motivation for prosocial behavior and its influence on well-being for the helper and recipient. *Journal of Personality and Social Psychology, 98*, 222–244.

6. Andreoni, J. (1990). Impure altruism and donations to public goods: A theory of w arm-glow giving. *Economic Journal, 100*, 464‒477.

7. Aknin, L., Dunn, E. W., Sandstrom, G. M., & Norton, M. I. (2013). Does social connection turn good deeds into good feelings? On the value of putting the "social" in prosocial spending. *International Journal of Happiness and Development, 1*, 155–171; Dunn, E., Aknin, L., & Norton, M. (2008). Spending money on others promotes happiness. *Science, 319*, 1687–1688.

8. Brown, S. L., & Brown, R. M. (2006). Selective investment theory: Recasting the functional significance of close relationships. *Psychological Inquiry, 17*, 1–29; Fehr, E., & Fischbacher, U. (2003). The nature of human altruism. *Nature, 425*, 785–791; Hepach, R., Vaish, A., & Tomasello, M. (2012). Young children are intrinsically motivated to see others helped. *Psychological Science, 23*, 967–972.

9. Kaufman, S. B., Yaden, D. B., Hyde, E., & Tsukayama, E. (2019). The light vs. dark triad of personality: Contrasting two very different profiles of human nature. *Frontiers in Psychology*, https://doi.org/1 0.3389/ fpsyg.2019.00467; Neumann, C. S., Kaufman, S. B., Brinke, L., Bryce, Y., Hyde, E., & Tsukayama, E. (2020). Light and dark trait subtypes of human p ersonality: A multi-study p erson-centered approach. *Personality and Individual Differences*, 164, https://doi.org/10.1016/j.paid.2020.110121.

10. Kaufman, S. B. [@sbkaufman] (2021, November 29). *In the currency of kindness, we place too much of a premium on doing and underestimate the value of being. Giving as a strategy in the service of personal gain is not the same as constantly uplifting others just by your way of being and your kind daily interactions with others* [Tweet]. Twitter. https://twitter.com/ sbkaufman/status/1465484590202585094? s= 20.

11. Kaufman, S. B., Yaden, D. B., Hyde, E., & Tsukayama, E. (2019). The

light vs. dark triad of personality: Contrasting two very different profiles of human nature. *Frontiers in Psychology*, https://doi.org/1 0.3389/ fpsyg.2019.00467; Neumann, C. S., Kaufman, S. B., Brinke, L., Bryce, Y., Hyde, E., & Tsukayama, E. (2020). Light and dark trait subtypes of human p ersonality: A multi-study p erson-centered approach. *Personality and Individual Differences*, 164, https://doi.org/1 0.1016/j. paid.2020.110121.

12. Burr, J. A., Tavares, J., & Mutchler, J. E. (2011). Volunteering and hypertension risk in later life. *Journal of Aging and Health, 23*, 24–51; Dulin, P. L., Gavala, J., Stephens, C., Kostick, M., & McDonald, J. (2012). Volunteering predicts happiness among older Māori and non-Māori in the New Zealand health, work, and retirement longitudinal study. *Aging and Mental Health, 16*, 6 17–624; Lyubomirsky, S., King, L., & Diener, E. (2005). The benefits of frequent positive affect: Does happiness lead to success? *Psychological Bulletin, 131,* 803–855; Musick, M. A., & Wilson, J. (2003). Volunteering and depression: The role of psychological and social resources in different age groups. *Social Science and Medicine, 56*, 259–269; Post, S. G. (2005). Altruism, happiness, and health: It's good to be good. *International Journal of Behavioral Medicine, 12,* 66–77; Wheeler, J. A., Gorey, K. M., & Greenblatt, B. (1998). The beneficial effects of volunteering for older volunteers and the people they serve: A m eta-analysis. *International Journal of Aging and Human Development, 47,* 69–79; Windsor, T. D., Anstey, K. J., & Rodgers, B. (2008). Volunteering and psychological well-being among young-old adults: How much is too much? *The Gerontologist, 48*, 59–70.

13. Pressman, S. D., Kraft, T. L., & Cross, M. P. (2014). It's good to do good

and receive good: The impact of a "pay it forward" style kindness intervention on giver and receiver well-being. *Journal of Positive Psychology, 10*(4), 293–302. https://doi.org/10.1080/17439760.2014.965269.

14. Datu, J. A. D., Valdez, J. P. M., McInerney, D. M., & Cayubit, R. F. (2021). The effects of gratitude and kindness on life satisfaction, positive emotions, negative emotions, and COVID-1 9 anxiety: An online pilot experimental study. *Applied Psychology: Health and W ell-Being,* 1–15. https://doi.org/10.1111/aphw.12306.

15. Lyubomirsky, S., Sheldon, K., & Schkade, D. (2005). Pursuing happiness: The architecture of sustainable change. *Review of General Psychology, 9*, 111–131.

16. Rusbult, C. E., Finkel, E., & Kumashira, M. (2009). The Michelangelo phenomenon. *Current Directions in Psychological Science, 18*(6), 305–309.

17. Higgins, E. T. (1987). Self-discrepancy: A theory relating self and affect. *Psychological Review, 94*, 319–340.

18. Rusbult, C. E., Finkel, E., & Kumashira, M. (2009). The Michelangelo phenomenon. *Current Directions in Psychological Science, 18*(6), 305–309.

19. Kumashiro, M., Rusbult, C. E., Coolsen, M. K., Wolf, S. T., van den Bosch, M., & van der Lee, R. (2009). Partner affirmation, verification, and enhancement as determinants of attraction to potential dates: Experimental evidence of the unique effect of affirmation. Unpublished manuscript, Goldsmiths, University of London.

20. Rogers, C. (1957). The necessary and sufficient conditions of therapeutic personality change. *Journal of Consulting Psychology, 21*, 9 5–103. https://doi.org/10.1037/h 0045357; the term unconditional positive regard was originally cited by Stanley Standal: Standal, S. (1954). *The need for*

positive regard: A contribution to client-centered theory. Unpublished Ph.D. thesis, University of Chicago.

21. Brooks, A. (2019). *Love your enemies: How decent people can save America from the culture of contempt.* New York: Broadside Books, p. 81.

22. Frimer, J. , Skitka, L. J., & Motyl, M. (2017). Liberals and conservatives are similarly motivated to avoid exposure to one another's opinions. *Journal of Experimental Social Psychology, 72,* 1–12.

23. Waytz, A., Young, L. L., & Ginges, J. (2014). Motive attribution asymmetry for love vs. hate drives intractable conflict. *Proceedings of the National Academy of Sciences, 111*(44), 15687–15692. https://doi. org/10.1073/pnas.1414146111.

24. Aron, A., Melinat, E., Aron, E. N., Vallone, R. D., & Bator, R. J. (1997). The experimental generation of interpersonal closeness: A procedure and some preliminary findings. *Personality and Social Psychology Bulletin, 23*(4), 363–377. https://doi.org/10.1177/0146167297234003.

25. Boothby, E. J., & Bohns, V. K. (2020). Why a simple act of kindness is not as simple as it seems: Underestimating the positive impact of our compliments on others. *Personality and Social Psychology Bulletin.* https://doi.org/10.1177/0146167220949003.

26. Algoe, S. B., Dwyer, P. C., Younge, A., & Oveis, C. (2020). A new perspective on the social functions of emotions: Gratitude and the witnessing effect. *Journal of Personality and Social Psychology, 119,* 40–74, https://doi.org/10.1037/pspi0000202; Brooks, A. C. (2015, November 21). Opinion: Choose to be grateful. It will make you happier. *The New York Times.* https://www.nytimes.com/2015/11/22/opinion/sunday/choose-t o-b e-grateful-it-will-make-you-happier.html.

第六章　善用你的優勢

1. Linley, P. A., & Harrington, S. (2006). Strengths coaching: A potential-guided approach to coaching psychology. *International Coaching Psychology Review, 1*(1), 37–46.

2. Niemiec, R. M. (2014). *Mindfulness and character strengths: a practical guide to flourishing*. Boston: Hogrefe.

3. Biswas-Diener, R. (2003). From the equator to the North Pole: A study of character strengths. *Journal of Happiness Studies, 7*, 293–310; Niemiec, R. M. (2013). VIA character strengths: Research and practice (The first 10 years). In H. H. Knoop & A. Delle Fave (eds.), *Well-being and cultures: Perspectives on positive psychology* (pp. 11–30). New York: Springer.

4. Peterson, C., & Seligman, M. E. P. (2004). *Character strengths and virtues: A handbook and classification.* Washington, DC: American Psychological Association Press and Oxford University Press.

5. Niemiec, R. M. (2014). *Mindfulness and character strengths: a practical guide to flourishing.* Boston: Hofgrefe. Copyright 2004–2022 VIA Institute on Character. All rights reserved. Used with permission. www.viacharacter.org.

6. Peterson, C., & Seligman, M. E. P. (2004). *Character strengths and virtues: A handbook and classi fication.* Washington, DC: American Psychological Association Press and Oxford University Press.

7. Biswas-Diener, R., Kashdan, T. B., & Minhas, G. (2011). A dynamic approach to psychological strength development and intervention. *Journal of Positive Psychology, 6*(2), 106–118.

8. Niemiec, R. M. (2014). *Mindfulness and character strengths: a practical*

guide to flourishing. Boston: Hogrefe.

9. Niemiec, R. M. (2014). *Mindfulness and character strengths: a practical guide to flourishing* (pp. 28–29). Boston: Hogrefe.

10. *About Character Lab*. (n.d.). Character Lab. Retrieved December 24, 2021, from https://character lab.org/about/.

11. Linley, A. (2008). *Average to A+: Realising strengths in yourself and others*. Coventry, UK: CAPP Press.

12. Niemiec, R. M. (2014). *Mindfulness and character strengths: a practical guide to flourishing* (p. 89). Boston: Hogrefe.

13. Niemiec, R. M. (2019). Finding the golden mean: the overuse, underuse, and optimal use of char-acter strengths. *Counselling Psychology Quarterly*, https://doi.org/10.1080/09515070.2019.1617674.

14. *Mindfulness-Based Strengths Practice Certification, VIA Institute*. (n.d.). Retrieved December 25, 2021, from https://www.viacharacter.org/courses/mindfulness-based-strength-practice-certi cation.

15. This approach and these questions are all adapted from Niemiec's *Mindfulness and character strengths*.

16. Seligman, M. E. P., Steen, T. A., Park, N., & Peterson, C. (2005). Positive psychology progress: Empirical validation of interventions. *American Psychologist, 60*(5), 410–421. https://doi.org/10.1037/0003-066x.60.5.410.

17. Schwartz, B., & Sharpe, K. E. (2006). Practical wisdom: Aristotle meets positive psychology. *Journal of Happiness Studies, 7*, 377–395.

18. Niemiec, R. (2012, April 19). *Tips for using each character strength in a new way*. VIA Institute. https://www.viacharacter.org/topics/articles/tips-for-using-each-character-strength-i n-a-n ew-way.

第七章　實現你的目標

1. Maslow, A. H. (1965). *Eupsychian management: A journal.* Homewood: Richard D. Irwin, Inc., and the Dorsey Press, p. 6.

2. Edge. (2016, March 16). *The mattering instinct: A conversation with Rebecca Newberger Goldstein.* Edge. https://www.edge.org/conversation/ rebecca_ newberger_ goldstein-t he-mattering-instinct.

3. Bugental, J. F. T. (1965). *The search for authenticity: An existential-analytic approach to psychotherapy.* New York: Holt, Rinehart and Winston, pp. 267−272; Kaufman, S. B. (2021). *Transcend: The new science of s elf-actualization.* New York: TarcherPerigee.

4. Esfahani Smith, E. (2017, September 4). You'll never be famous—and that's O.K. *The New York Times.* https://www.nytimes.com/2017/09/04/ opinion/middlemarch-college-fame.html.

5. Wrzesniewski, A., McCauley, C., Rozin, P., & Schwartz, B. (1997). Jobs, careers, and callings: People's relations to their work. *Journal of Research in Personality, 31*(1), 21–33.

6. Maslow, A. H. (1965). *Eupsychian management: A journal.* Homewood: Richard D. Irwin, Inc., and the Dorsey Press.

7. Note: Connecting with the meaning inherent in the work that we do and creating new explicit meanings does not absolve unhealthy or even toxic workplaces from being accountable to serving employees' rights to workplace well-being.

8. Berg, J. M., Dutton, J. E., & Wrzesniewski, A. (2013). Job crafting and meaningful work. In B. J. Dik, Z. S. Byrne, & M. F. Steger (eds.), *Purpose and meaning in the workplace* (pp. 81−104). Washington, DC: American

Psychological Association.

9. Schwartz, S. H. (2012). An overview of the Schwartz theory of basic values. *Online Readings in Psychology and Culture, 2*, 1. http://dx.doi. org/10.9707/2307-0919.1116.

10. Schwartz, S. H., Cieciuch, J., Vecchione, M., Davidov, E., Fischer, R., Beierlein, C., Ramos, A., Verkasalo, M., Lönnqvist, J.-E., Demirutku, K., Dirilen-Gumus, O., & Konty, M. (2012). Refining the theory of basic individual values. *Journal of Personality and Social Psychology, 103*(4), 663–688. https://doi.org/10.1037/a0029393.

11. Schwartz, S. (2017). The refined theory of basic values. In S. Roccas & L. Sagiv (eds.), *Values and behavior: Taking a c ross-cultural perspective*. Cham, Switzerland: Springer 163–228. https://doi.org/1 0.1007/978-3-319-56352-7_3 ; Cieciuch, J., Davidov, E., Vecchione, M., Beierlein, C., & Schwartz, S. H. (2014). The c ross-national invariance properties of a new scale to measure 19 basic human values: A test across eight countries. *Journal of Cross-Cultural Psychology, 45*(5), 764–776.

12. https://www.facebook.com/BlueZones. (2015). How to live longer, better: Discovering the Blue Zones. Blue Zones. https://www.bluezones.com/live-longer-better/.

13. Fido, D., Kotera, Y., & Asano, K. (2019). English translation and validation of the Ikigai-9 in a UK sample. *International Journal of Mental Health and Addiction, 18*, 1352–1359.

14. Fido, D., Kotera, Y., & Asano, K. (2019). English translation and validation of the Ikigai-9 in a UK sample. *International Journal of Mental Health and Addiction, 18*, 1352–1359.

15. Many of these questions are adapted from Jeremy Sutton's article: Sutton,

J. (2021, February 15). *6 worksheets & templates to find your ikigai.* PositivePsychology.com. https://positivepsychology.com/ikigai-worksheets-templates/.

16. Esfahani Smith, E. (2021, June 24). Opinion: We want to travel and party. Hold that thought. *The New York Times*. https://www.nytimes.com/2021/06/24/opinion/covid-pandemic-grief.html.

17. Esfahani Smith, E. (2021, June 24). Opinion: We want to travel and party. Hold that thought.

The New York Times. https://www.nytimes.com/2021/06/24/opinion/covid-pandemic-grief.html.

18. Yalom, I. D. (1980). *Existential psychotherapy*. New York: Basic Books, p. 31.

19. Vail, K. E., Juhl, J., Arndt, J., Vess, M., Routledge, C., & Rutjens, B. (2012). When death is good for life: Considering the positive trajectories of terror management. *Personality and Social Psychology Review, 16*(4), 303−329.

20. Cozzolino, P. J., Blackie, L. E. R., & Meyers, L. S. (2014). S elf-related consequences of death fear and death denial. *Death Studies, 38*(6), 418−422; Lykins, E. L., Segerstrom, S. C., Averill, A. J., Evans, D. R., & Kemeny, M. E. (2007). Goal shifts following reminders of mortality: Reconciling posttraumatic growth and terror management theory. *Personality and Social Psychology Bulletin, 33*(8), 1088−1099.

21. Yalom, I. D. (1980). *Existential psychotherapy*. New York: Basic Books.

第八章　成為超越者

1. Maslow, A. H. (1993/1971). *The farther reaches of human nature.* New

York: Penguin Books.

2. Kabat-Zinn, J. (2005). *Wherever you go, there you are: Mindfulness meditation in everyday life.* New York: Hachette Books.

3. Kaufman, S. B. (2011, January 11). The science of spiritual narcissism. *Scientific American.* https://www.scientificamerican.com/article/the-science-o f-spiritual-narcissism/.

4. Kaufman, S. B. (2021). *Transcend: The new science of s elf-actualization.* New York: TarcherPerigee.

5. Maslow, A. H. (1969). The farther reaches of human nature. *Journal of Transpersonal Psychology, 1*(1)*,* 1–9, p. 1. The entire lecture at the Unitarian church can be found on YouTube at https://www.youtube.com/ watch? v= pagvjnTEEvg.

6. Kaufman, S. B. (2021). *Transcend: The new science of self-actualization.* New York: TarcherPerigee.

7. Maslow, A. H. (1993/1971). *The farther reaches of human nature.* New York: Penguin Books.

8. Maslow, A. H. (1993/1971). *The farther reaches of human nature.* New York: Penguin Books.

9. Wong, P. (2020, October 5). *Existential positive psychology (PP 2.0) and the new science of flourishing through suffering.* Dr. Paul T Wong. http:// www.drpaulwong.com/existential-positive-psychology-p p-2-0-and-the-new-science-o f-fl ourishing-through-suffering/.

10. Bryant, F. B., & Veroff, J. (2007). *Savoring: A new model of positive experience.* Mahwah: Lawrence Erlbaum Associates, Inc. https://doi. org/10.1080/17439760701794434.

11. Bryant, F. B., & Veroff, J. (2007). *Savoring: A new model of positive*

experience. Mahwah: Lawrence Erlbaum Associates, Inc. https://doi. org/10.1080/17439760701794434.

12. Hou, W. K., Lau, K. M., Ng, S. M., Lee, T. M., Cheung, H. Y., Shum, T. C., et al. (2016). Psychological detachment and savoring in adaptation to cancer caregiving. *Psycho-Oncology, 25*(7), 839– 847. https://doi. org/10.1002/pon.4065; Hurley, D. B., & Kwon, P. (2012). Results of a study to increase savoring the moment: Differential impact on positive and negative outcomes. *Journal of Happiness Studies, 13*(4), 579–588. https://doi.org/10.1007/s10902-0 11-9280-8; Jose, P. E., Lim, B. T., Kim, S., & Bryant, F. B. (2018). Does savoring mediate the relationship between explanatory style and mood outcomes? *Journal of Positive Psychology and W ell-being, 2*(2), 149–167; McMakin, D. L., Siegle, G. J., & Shirk, S. R. (2011). Positive affect stimulation and sustainment (PASS) module for depressed mood: A preliminary investigation of treatment-related effects. *Cognitive Therapy Research, 35*(3), 2 17–226; Ng, W. (2012). Neuroticism and w ell-being? Let's work on the positive rather than negative aspects. *Journal of Positive Psychology, 7*(5), 416– 426. https://doi.org/10.1080/17439760.2012.709270.

13. Costa-Ramalho, S., Marques-Pinto, A., Ribeiro, M. T., & Pereira, C. R. (2015). Savoring positive events in couple life: Impacts on relationship and dyadic adjustment. *Family Science, 6*(1), 170–180.

14. Burkhart, M. L., Borelli, J. L., Rasmussen, H. F., & Sbarra, D. A. (2015). Cherish the good times: Relational savoring in parents of infants and toddlers. *Personal Relationships, 22*(4), 692–711.

15. Sato, I., Conner, T. S., & Jose, P. E. (2017). Savoring mediates the effect of nature on positive affect. *International Journal of W ell-being, 8*(1),

18–33.

16. Garland, E. L., Thielking, P., Thomas, E. A., Coombs, M., White, S., Lombardi, J., et al. (2016). Linking dispositional mindfulness and positive psychological processes in cancer survivorship: A multivariate path analytic test of the mindfulness-to-meaning theory. *Psycho-Oncology*. https://doi.org/10.1002/pon.4065; Otto, A. K., Laurenceau, J. P., Siegel, S. D., & Belcher, A. J. (2015). Capitalizing on everyday positive events uniquely predicts daily intimacy and well-being in couples coping with breast cancer. *Journal of Family Psychology, 29*(1), 69–79. https://doi.org/10.1037/fam00 00042.

17. Jose, P. E., Lim, B. T., Kim, S., & Bryant, F. B. (2018). Does savoring mediate the relationship between explanatory style and mood outcomes? *Journal of Positive Psychology and Well-being, 2*(2), 149–167.

18. Smith, J. L., & Hollinger-Smith, L. (2015). Savoring, resilience, and psychological well-being in older adults. *Aging & Mental Health, 19*(3), 192–200.

19. Bryant, F. B. (2003). Savoring beliefs inventory (SBI): A scale for measuring beliefs about savoring. *Journal of Mental Health, 12*(2), 175–196.

20. Bryant, F. B., & Veroff, J. (2007). *Savoring: A new model of positive experience*. Mahwah: Lawrence Erlbaum Associates, Inc. https://doi.org/10.1080/17439760701794434.

21. Bryant, F. B. (2003). Savoring beliefs inventory (SBI): A scale for measuring beliefs about savoring. *Journal of Mental Health, 12*(2), 175–196.

22. Bryant, F. B., & Veroff, J. (2007). *Savoring: A new model of positive*

experience. Mahwah: Lawrence Erlbaum Associates, Inc. https://doi. org/10.1080/17439760701794434.

23. Bryant, F. B., & Veroff, J. (2007). *Savoring: A new model of positive experience.* Mahwah: Lawrence Erlbaum Associates, Inc. https://doi. org/10.1080/17439760701794434.

24. Smith, J. L., Harrison, P. R., Kurtz, J. L., & Bryant, F. B. (2014). Nurturing the capacity to savor: Interventions to enhance the enjoyment of positive experiences. In A. C. Parks & S. M. Schueller (eds.), *The Wiley Blackwell handbook of positive psychological interventions* (p. 42). West Sussex, UK: John Wiley & Sons.

25. Brown, B. (2021, March 8). *Brené with Dr. Susan David on the dangers of toxic positivity, Part 1 of 2.* Brené Brown. https://brenebrown.com/ podcast/brene-with-dr-susan-david-on-the-dangers-of-toxic-positivity-part-1-of-2/; Brown, B. (2021, March 8). *Brené with Dr. Susan David on the dangers of toxic positivity, Part 2 of 2.* Brené Brown. https:// brenebrown.com/podcast/brene-with-dr-susan-david-on-the-dangers-of-toxic-positivity-part-2-of-2/; Goodman, W. (2022). *Toxic positivity: Keeping it real in a world obsessed with being happy.* New York: TarcherPerigee; Kaufman, S. B. (2021, August 18). The opposite of toxic positivity. *The Atlantic.* https://www.theatlantic.com/f amily/ archive/2021/08/tragic-optimism-opposite-toxic-positivity/619786/.

26. Emmons, R. (2013, May 13). How gratitude can help you through hard times. *Greater Good.* https://greatergood.berkeley.edu/article/item/how_ gratitude_ can_ help_ you_ through_ hard_ times.

27. Frankl, V. (1984). Postscript: The case for a tragic optimism. In *Man's Search for Meaning.* New York: Simon & Schuster; Wong, P. T. P. (n.d.).

Viktor Frankl: Prophet of hope and herald of positive psychology: International network on personal meaning. International Network on Personal Meaning. Retrieved December 25, 2021, from https://www. meaning.ca/article/viktor-frankl-prophet-hope-herald-positive-psychology/.

28. Emmons, R. A., & Stern, R. (2013). Gratitude as a psychotherapeutic intervention. *Journal of Clinical Psychology, 69*(8), 846–855. https://doi. org/10.1002/jclp.22020.

29. Emmons, R. A., & Stern, R. (2013). Gratitude as a psychotherapeutic intervention. *Journal of Clinical Psychology, 69*(8), 846–855. https://doi. org/10.1002/jclp.22020.

30. Emmons, B. (2008). *Thanks!: How practicing gratitude can make you happier.* New York: Mariner Books.

31. Taylor, Shelley. (1983). Adjustment to threatening e vents—A theory of cognitive adaptation. *American Psychologist, 38*, 1161–1173. 10.1037/0 003-066X.38.11.1161.; Emmons, R. A. (2007). *Thanks!: How the new science of gratitude can make you happier.* New York: Houghton Mifflin.

32. Kripalu Center for Yoga & Health (2019, October 10). *Ten true things about gratefulness: A conversation with Kristi Nelson.* Gratefulness.org. https://gratefulness.org/blog/ten-true-things-about-gratefulness-a-c onversation-with-kristi-nelson/.

33. Rosmarin, D. H., Krumrei, E. J., & Pargament, K. I. (2010). Are gratitude and spirituality protective factors against psychopathology? *International Journal of Existential Psychology, 3*(1).

34. Nelson, K. (n.d.). *It's all about the glass.* Gratefulness.org. https:// gratefulness.org/resource/its-all-about-the-glass/.

35. Jans-Beken, L., & Wong, P. T. P. (2019). Development and preliminary validation of the Existential Gratitude Scale (EGS). *Counselling Psychology Quarterly*, 1–15. https://doi.org/10.1080/09515070.2019.1656054.

36. Yalom, I. D. (1980). *Existential psychotherapy*. New York: Basic Books.

37. Solom, R., Watkins, P. C., McCurrach, D., & Scheibe, D. (2016). Thieves of thankfulness: Traits that inhibit gratitude. *Journal of Positive Psychology*, *12*(2), 120–129. https://doi.org/10.1080/17439760.2016.1163408.

38. Cozzolino, P. J., Staples, A. D., Meyers, L. S., & Samboceti, J. (2004). Greed, death, and values: From terror management to transcendence management theory. *Society for Personality and Social Psychology, 30*, 278–292.

39. Frias, A., Watkins, P., Webber, A., & Froh, J. (2011). Death and gratitude: Death reflection enhances gratitude. *Journal of Positive Psychology, 6*, 154–162. https://doi.org/10.1080/17439760.2011.558848.

40. Kripalu Center for Yoga & Health (2019, October 10). *Ten true things about gratefulness: A conversation with Kristi Nelson*. Gratefulness.org. https://gratefulness.org/b log/ten-t rue-things-about-gratefulness-a-c onversation-with-kristi-nelson/.

41. Kripalu Center for Yoga & Health (2019, October 10). *Ten true things about gratefulness: A conversation with Kristi Nelson*. Gratefulness.org. https://gratefulness.org/blog/ten-true-things-about-gratefulness-a-conversation-with-kristi-nelson/.

42. Csíkszentmihály, M. (1990). *Flow: The psychology of optimal experience*. New York: Harper & Row; Kotler, S. (2014). *The rise of superman: Decoding the science of ultimate human performance*. New York: Houghton Mifflin Harcourt.

43. Csíkszentmihály, M. (1990). *Flow: The psychology of optimal experience.* New York: Harper & Row.

44. Lyubomirsky, S. (2008). *The how of happiness: A scientific approach to getting the life you want.* New York: Penguin Press.

45. As cited in Kaufman, S. B. (2021). *Transcend: The new science of self-actualization.* New York: TarcherPerigee.

46. Keltner, D., & Haidt, J. (2003). Approaching awe, a moral, spiritual, and aesthetic emotion. *Cognition & Emotion, 17*(2), 297–314. https://doi. org/10.1080/02699930302297; Yaden, D. B., Kaufman, S. B., Hyde, E., Chirico, A., Gaggioli, A., Wei Zhang, J., & Keltner, D. (2018). The development of the Awe Experience Scale (AWE-S): A multifactorial measure for a complex emotion. *Journal of Positive Psychology, 14*(4), 474–488.

47. Krause, N., & Hayward, R. D. (2015). Assessing whether practical wisdom and awe of God are associated with life satisfaction. *Psychology of Religion and Spirituality, 7*(1), 51–59. https://doi.org/10.1037/a0037694.

48. Rudd, M., Vohs, K. D., & Aaker, J. (2012). Awe expands people's perception of time, alters decision making, and enhances well-being. *Psychological Science, 23*(10), 1130–1136. https://doi.org/10.1177/0956797612438731.

49. Prade, C., & Saroglou, V. (2016). Awe's effects on generosity and helping. *Journal of Positive Psychology, 11*(5), 522–530. https://doi.org/10.1080/17439760.2015.1127992.

50. Yang, Y., Yang, Z., Bao, T., Liu, Y., & Passmore, H.-A. (2016). Elicited awe decreases aggression. *Journal of Pacific Rim Psychology, 10*. https://doi.org/10.1017/prp.2016.8.

51. Kramer, D. A. (2000). Wisdom as a classical source of human strength: Conceptualization and empirical inquiry. *Journal of Social and Clinical Psychology, 19*(1), 83–101.

52. One of our favorite books on the topic of this improv technique is by Kelly Leonard: Leonard, K. (2015). *Yes, and: How improvisation reverses "no, but" thinking and improves creativity and collaboration—lessons from the Second City*. New York: Harper Business.

53. Elam, B. (2020). *"Yes and": Exploring and heightening the positive psychology in improvisation*. Master of Applied Positive Psychology (MAPP) Capstone Projects. 188. https://repository.upenn.edu/mapp_capstone/188/.

54. Elam, B. (2020). *"Yes and": Exploring and heightening the positive psychology in improvisation* (p. 17). Master of Applied Positive Psychology (MAPP) Capstone Projects. 188. https://repository.upenn.edu/mapp_capstone/188/.

結語　社群共同體的實現

1. Prilleltensky, I., & Prilleltensky, O. (2021). *How people matter: Why it affects health, happiness, love, work, and society*. Cambridge: Cambridge University Press, p. 6.

2. Prilleltensky, I., & Prilleltensky, O. (2021). *How people matter: Why it affects health, happiness, love, work, and society*. Cambridge: Cambridge University Press, p. 6; Prilleltensky, I. (2021, September 16). *Freedom and community: Holding the tension*. Professor Isaac Prilleltensky. https://www.professorisaac.com/mattering/holdthetension.

3. Prilleltensky, I. (2021, September 16). *Freedom and community: Holding the tension*. Professor Isaac Prilleltensky. https://www.professorisaac.com/mattering/holdthetension.

4. Kaufman, S. B. (2021, November 6). What collective narcissism does to society. *The Atlantic*. https://www.theatlantic.com/family/archive/2021/11/group-narcissism/620632/.

5. Prilleltensky, I., & Prilleltensky, O. (2021). *How people matter: Why it affects health, happiness, love, work, and society* (p. 6). Cambridge: Cambridge University Press.

6. Katz, R. (2018). *Indigenous healing psychology: Honoring the wisdom of the first peoples*. Rochester, VT: Healing Arts; Kaufman, S. B. (2019). Honoring the wisdom of indigenous people with Richard Katz. *The Psychology Podcast*. https://scottbarrykaufman.com/podcast/honoring-the-wisdom-o f-indigenous-peoples-with-richard-katz.

7. Blackstock, C. (2011). The emergence of the breath of life theory. *Journal of Social Work Values and Ethics, 8*(1); Ravilochan, T. (2021, April 4). *Could the Blackfoot wisdom that inspired Maslow guide us now?* Medium. https://gatherfor.medium.com/maslow-got-i t-wrong-ae45d6217a8c; Kaufman, S. B. (2021). *Transcend: The new science of self-actualization*. New York: TarcherPerigee; Michel, K. L. (2014). Maslow's hierarchy connected to Blackfoot beliefs. *A Digital Native American*. https://lincolnmichel.wordpress.com/2014/04/19/maslows-hierarchy-connected-to-blackfoot-beliefs.

8. Coon, D. (2006). Abraham H. Maslow: Reconnaissance for eupsycia. In D. A. Dewsbury, L. T. Benjamin, Jr., & M. Wertheimer (eds.). *Portraits of Pioneers in Psychology*, Vol. 6 (pp. 2 55–273). Washington, DC, and

Mahwah: American Psychological Association and Lawrence Erlbaum Associates.

9. Ravilochan, T. (2021, April 4). *Could the Blackfoot wisdom that inspired Maslow guide us now?* Medium. https://gatherfor.medium.com/maslow-got-it-wrong-ae45d6217a8c.

10. Blackstock, C. (2011). The emergence of the breath of life theory. *Journal of Social Work Values and Ethics, 8*(1).

11. Blackstock, C. (2011). The emergence of the breath of life theory. *Journal of Social Work Values and Ethics, 8*(1).

12. Ravilochan, T. (2021, April 4). *Could the Blackfoot wisdom that inspired Maslow guide us now?*Medium. https://gatherfor.medium.com/maslow-got- it- wrong-ae45d6217a8c.

MI1043

成長心態：面對逆境的突破挑戰與自我實現
Choose Growth: A Workbook for Transcending Trauma, Fear, and Self-Doubt

作　　　者❖史考特・巴瑞・考夫曼（Scott Barry Kaufman）、
　　　　　　喬迪恩・費恩戈爾德（Jordyn Feingold）
譯　　　者❖蔡耀騰
封 面 設 計❖陳文德
內 頁 排 版❖張彩梅
總　編　輯❖郭寶秀
責 任 編 輯❖林俶萍
行　　　銷❖許弼善

發　行　人❖涂玉雲
出　　　版❖馬可孛羅文化
　　　　　　10483台北市中山區民生東路二段141號5樓
　　　　　　電話：(886) 2-25007696
發　　　行❖英屬蓋曼群島商家庭傳媒股份有限公司城邦分公司
　　　　　　10483台北市中山區民生東路二段141號11樓
　　　　　　客服服務專線：(886) 2-25007718；25007719
　　　　　　24小時傳真專線：(886) 2-25001990；25001991
　　　　　　服務時間：週一至週五9:00～12:00；13:00～17:00
　　　　　　劃撥帳號：19863813　戶名：書虫股份有限公司
　　　　　　讀者服務信箱：service@readingclub.com.tw
香港發行所❖城邦（香港）出版集團有限公司
　　　　　　香港九龍九龍城土瓜灣道86號順聯工業大廈6樓A室
　　　　　　電話：(852) 25086231　傳真：(852) 25789337
　　　　　　E-mail：hkcite@biznetvigator.com
馬新發行所❖城邦（馬新）出版集團Cite (M) Sdn Bhd
　　　　　　41, Jalan Radin Anum, Bandar Baru Sri Petaling,
　　　　　　57000 Kuala Lumpur, Malaysia
　　　　　　電話：(603) 90563833　傳真：(603) 90576622
　　　　　　E-mail：services@cite.my
輸 出 印 刷❖中原造像股份有限公司
初 版 一 刷❖2023年11月
定　　　價❖420元（紙書）
定　　　價❖294元（電子書）

ISBN：978-626-7356-23-4（平裝）
EISBN：9786267356258（EPUB）

城邦讀書花園
www.cite.com.tw

國家圖書館出版品預行編目（CIP）資料

成長心態：面對逆境的突破挑戰與自我實現／史
考特・巴瑞・考夫曼（Scott Barry Kaufman）、喬
迪恩・費恩戈爾德（Jordyn Feingold）著；蔡耀
騰譯. -- 初版. -- 臺北市：馬可孛羅文化出版：
英屬蓋曼群島商家庭傳媒股份有限公司城邦分公
司發行, 2023.11
　　面；　公分
譯自：Choose growth: a workbook for transcending
trauma, fear, and self-doubt.
ISBN 978-626-7356-23-4（平裝）
1. CST: 自我實現　2. CST: 生活指導
177.2　　　　　　　　　　　　　　　112017083